淡海《おうみ》文庫 60

サンライズ出版

大久保 治男 著

幕末彦根藩の側役

大久保小膳

はじめに

平成二十九年のＮＨＫ大河ドラマは「おんな城主 直虎」であった。直虎は一五三五年頃、遠江国井伊谷《いいのや》（現浜名湖北）の国人領主・井伊直盛の娘として誕生するが、この頃、この辺りは今川・武田・松平（後の徳川）等戦国大名の群雄割拠の中で今川側であった井伊家は戦死や讒訴《ざんそ》によって殺されるなどして、滅亡寸前であった。

井伊家で唯一残った男子・虎松は直虎の後見のもと、十五歳の時、徳川家康の小姓として、今川側より徳川側にトラバーユすることに成功した。そして家康公より井伊の姓と万千代の名を頂戴し、井伊家初代直政となるのである。またこの時、筆者の祖先、初代大久保新右門尉藤原忠正・式部（家康の祖父の代よりの旗本で小田原城主・大久保相模守や旗本・大久保彦左衛門とは近い親戚）は家康公の命令にて井伊家への目付として赴任し、彦根藩の重臣となり、彦根藩創設期に活躍する。その後、大久保新右衛門は元服前の二代目直孝公を自宅にお預かりして立派なお殿様になるように養育を任されていたのである。

さて、直政公が彦根藩主となってから約二五〇年後、十一代藩主直中公の十四男坊である直弼《なおすけ》公は、五歳で母を、十七歳で父を失ったので、藩の掟に従い十七歳から三十二歳までの約十五年間を自らが「埋木舎《うもれぎのや》」と名付けた尾末町屋敷にわずか三百俵で生活をしていた。その間に茶の湯、和歌、謡曲、禅、国学、武道などあらゆる分野で達人的修業をし、文化人的人格を形成していったのである。弘化三年（一八四六）二月、兄である十二代直亮《なおあき》公の養子となり、嘉永三年（一八五〇）九月、直亮公死去により十三代藩主となった直弼公は安政五年（一八五八）四月大老に就任、将軍継嗣問題の解決、日米修好通商条約の調印、安政の大獄と難題に取り組むなか、安政七年（一八六〇）三月三日桜田門外で水戸・薩摩の脱藩浪士に殺害され、四十六歳の生涯を終えるのである。

この直弼公の生涯、特に埋木舎時代の質素ではあるが文化人としての生活にスポットを当てた舟橋聖一原作の「花の生涯」はNHK大河ドラマの第一作目であった。昭和三十八年（一九六三）四月より十二月までの毎日曜夜八時四十五分から九時半までの三十九回、視聴率はトップでこの時間、風呂屋は空っぽになったという。

まさに本書の「大久保小膳《こぜん》」とは、この時代、彦根藩に仕えた武士で、十二代直亮公の世子・直元公の小姓に始まり、十三代直弼公、十四代直憲《なおのり》公の側役《そばやく》として忠勤相励んだのである。まさしく日本が近代化へと向かう大転換期であり、幕藩体制の崩壊から明治新政府（天皇中心の薩長藩閥による政治）の黎明期において、藩主の側近として仕えた小膳が詳細な公務記録を手元にも書き留め、残しておいたのである。大変革期に、よくぞ詳しく記録したものだと皆が感心するのである。

『大久保章男《あやお》・小膳事集記』、『大久保小膳留記』、『大久保章男記録』、『大久保章男（旧藩時代小膳）伝』他、多く残っている大久保家所蔵古文書の史料等々、小膳が綴った史料を基に時代背景も入れつつ、この度、幕末から明治維新の大変革期に、三代の彦根藩主に仕えた側近としての生き証人の実体験を纏めることにした。小膳の遺志を継いだ大久保家代々の子孫の一人として、世人に小膳の忠節を伝えたく筆を執った次第である。

安政二年（一八五五）、直弼公より「宗保」の茶名を賜わった小膳は、直弼公が『茶《ちゃ》湯一会集《のゆいちえ》』を完成した後、すぐさまお預かりし、安政四年（一八五七）八月に写本を遺している。また桜田門外の変の時、小膳は直弼側役として江戸詰めであり、報告と事後対策のため、即刻早籠にて彦根へ戻った。また幕末に藩命により、直弼時代の機密文書の焼却を命ぜられるも、後に直弼公の真実の事績を伝えることが第一と、明治十九年（一八八六）まで秘蔵していたのである。

井伊家最後の藩主である直憲公にはご幼少の時から仕えており、十三歳で藩主となった直憲公にとっては何でも相談できる父親のような存在であったと見え、「親父」と呼ばれていた。そして明治元年（一八六八）、小膳は章男と改名、明治四年（一八七一）廃藩置県になるまで直憲公に仕えたのである。その後は井伊伯爵家執事ともなった。

なお直弼公が青春を過ごした埋木舎は明治四年、各種功績にて藩庁より小膳に贈られた。この館を井伊直弼公の遺徳を偲ぶように未来永劫保存していく使命を受け、幾度かの危機に遭ったが、その使命は大久保家代々に受け継がれ、今も遺されているのである。

この度、直亮公、直弼公、直憲公という三代藩主の側役として仕え、幕末・維新の彦根藩大変革期を上手にスイッチ・チェンジさせた「生き証人」であり、「肌で感じてきた」実体験者「大久保小膳」に関する著書を淡海《おうみ》文庫の一冊としてサンライズ出版より公刊されることは、彦根藩の大変革期の時期の貴重な記録のひとつが世の中に出ることでもあるが、これは小膳の最も喜ぶことであろう。そして直弼公の遺徳を偲ぶ縁《よすが》として、「埋木舎」を百五十年間も死守してきた小膳の子孫達も使命感をもって大久保家代々奮闘してきたのであり、筆者の子や孫達も全く同感であり、力を合わせて守っていってくれることは嬉しい極みである。

本書の発刊をお引き受けいただいたサンライズ出版の社長・岩根順子様、また専務・岩根治美様には一部史料の確認や助言までいただき厚く御礼を申し上げる。

なお本書の発刊にあたり、私は龍潭寺《りょうたんじ》の大久保小膳の墓前にも報告してきたのであった。

平成三十年七月吉日

彦根城跡内　井伊直弼公学問所

「埋木舎」澍露軒にて

著　者

目次

目次

本書の概要

「大久保小膳」とは如何なる人物であるのか。

幕末・維新期の彦根藩の大変革期に十二代・直亮公、十三代・直弼公、十四代・直憲公と三代の藩主側近として仕え、共に行動し、多くの記録も残していた。重大な歴史的事柄にも参加し、実体験している人でもあった。まさに歴史の生き証人である。

ここにまず概況を知っていただくことで、本書の各章の詳述も理解しやすくなると考え、概要を述べることとする。

大久保小膳は直弼公時代、側役の公務として、例えば将軍の日光御参詣の御供、相州警備の御先廻り、彦根藩領地の御巡見には彦根各地は勿論、江戸、世田谷、栃木の佐野まで御供する。異国船渡来時の見分や調査・警備、鷹狩りの御供、それに藩主になられた後の嘉永六年（一八五三）、正室昌子姫御入輿の御婚礼御用掛等に主として活躍、江戸詰めも多い。

直弼公の茶の湯の高弟としての直伝を受けるようなお相手役で「宗保」の茶名も直々に拝領、また楽焼、謡曲、能のお相手役でもあった。

小膳はこの時代、藩の公用にて江戸に三十九回、京都へ十三回、大坂へ七回と頻繁に往還し、時には藩主の代理を務める重責も負っていた。

桜田門外の変（テロ事件）の一大事の時は江戸より彦根へ正使として伝えに帰っている。

直憲公の時代には将軍へ和宮様の降嫁、将軍の御上洛の折り、天皇拝謁の折りも将軍前駆御供、東照宮三百五十年神忌への日光御参詣、幕末混乱期の各戦にも参加、重要な折りは常に藩主の最側近を守っている。すなわち、鳥羽・伏見の戦い、長州征伐などである。また戊辰戦争の時は官軍として彦根藩は参戦し、軍事の中核にもいた。

直憲公の正室、有栖川宮糦宮《もりのみや》宣子《よしこ》様の嫁入の準備の責任者、維新後には藩籍奉還、明治政府への協力、東京遷都の天皇様の御行列にも御警衛として参加、江戸城でお迎え、王政復古、廃藩置県の時も藩主と共に行動している。

維新後は、井伊伯爵の執事として小膳は重要ポストで活躍、直憲公より「親父」と言われ、絶大な御信頼を得ていた。

明治四年（一八七一）には早くも「埋木舍」は各種功績により藩庁より大久保家に贈与されている。この他本文をお読みいただければ「大久保小膳」が幕末・維新期に如何に藩主と共に活躍したかがお判りいただけると思う。

また各活躍時には、直弼公、直憲公、有栖川宮様、他にも有力な方々からご褒美を多く拝領しているので、小膳の功績をご覧いただくためにも、その一部を次に記しておこう。

直弼公より拝領の品々（小膳と員臣の「道具帳」記載より）

一　花生　曲物張黒漆塗　直弼公御歌花押
一　置物　唐銅福禄寿
一　重箱　黒塗青貝にて貝尽シ堤ヶ重四重
一　香合　玉遊獅子、紫青黄色跤趾焼
一　香合　七種香合（各直弼公御作花押六仝上御印壱）――松笠、雀、宝珠模様、払子、家形船、波ニ千鳥、柳模様
一　茶杓　竹、澍露軒花押
一　茶杓　象牙、竹筒入
一　茶杓　竹、筒利休写祖父柳七左近造記之印
一　盃　朱塗浦島ノ画金蒔画

一　茶碗　　仁清五器写
一　茶壺　　春慶丸壺、銘亀ノ尾澍露軒花押
一　茶銕　　平丸釜寒雉写唐銅蓋付
一　掛軸　　直弼公御筆、布袋ノ画賛、澍露軒花押
「空にすむ影ならなくにいかなれは　心の月をあふく布袋そ」
一　掛軸　　直弼公御讃、瀧ノ図、画英一笑筆
「すずしけにみれども阿かず岩まもる滝の白糸くりかへしつつ　澍露軒　御花押」

直憲公より拝領の品々（小膳と員臣の「道具帳」記載より）

一　テイフル掛　西洋織物赤地ニ黒唐草（直憲公欧米留学帰国記念。明治六年）
一　盃　　朱塗松竹梅鶴金銀蒔画
一　盃　　染付藤ノ模様
一　置物　　焼物猩々金入模様
一　多葉粉入　　金襴、但し喜世留入共、壱組

一　湯呑茶碗　　焼物馬ノ模様　法橋田代印
一　大茶碗　　染付唐草　無蓋
一　多葉粉入　　茶地金欄　但し喜世留入共
一　時計　　銀、器械金
一　掛物　　藩祖直政公より直憲公に至ル十四代代々藩主の御像、壱幅
一　掛物　　直弼公御筆、月ニ薄の画賛
「かすかなるのへのすきの行かへや　月見るたひに生やしぬらん　花押」
一　掛物　　直弼公御画像　御歌有之
「あふみの海磯うつ浪のいく度か　御世にこころをくたきぬるか那正四位上左
近衛中将藤原直弼」

有栖川宮幟仁親王殿下より拝領の品々

一　盃　　染付菊模様
一　盃　　朱塗三ツ房菊鳳凰蒔画

一　多葉粉入　　萌黄紫黄織物、但し喜世留入共
一　紙入　　紫地織物大形浪ニ海老藻草ノ織物
一　金入袋　　金織物拾両判模様
一　多葉粉入　　紫黄地織物、但し喜世留入共
一　額　　有栖川幟仁親王殿下御筆、「資父事君」

この他小膳へ贈られたもの

一　直弼公御孫、直忠様御筆「埋木舍」の額
一　直弼公御令嬢弥千代様（志津様との間に埋木舍で御誕生、高松藩主・松平頼聰様御令室）御歌短冊
一　直弼公正室昌子様（丹波亀山藩松平信篤様の御妹）御歌短冊
一　直憲公正室糦宮宜子様（有栖川宮熾仁親王の御妹）御歌短冊
一　勝海舟「抱朴含真」の額（小膳、江戸湾台場警備の折り贈られる）
一　土方久元卿筆「忠義動人　為大久保君」の額（彦根城天守閣保存請願の小膳の熱意に感動して）

ちなみに、大久保小膳が拝領した右に記載の種々のものは、その後も小膳の子孫達が代々大切に保管し、そのものがほとんど伝承され、守られてきている(一部現物の確認の無いものもある)。

本目録にあるものの他、数百年前からのものもあり、大久保家伝承の諸道具類については、後継者である息子・大久保忠治、大久保忠直の両名が成人になった以後、何回かに分けてすべての品々は贈与し、引き継いでもらっている。これらは武家の日常生活を知る上で、歴史上にも大切なものであり、大久保家の記念塚でもある。その一部は埋木舎で公開・展示し、社会へも貢献している。

幕末彦根藩の側役　大久保小膳

第一章　大久保家の系譜

藤原氏の後裔、大久保家

現在まで大久保家には系図や家族等のことを詳述した巻物や冊子が残されている。『大久保章男（旧藩時代小膳）伝』、『大久保小膳留記』、『大久保章男記録』、『大久保系図章男事集記・全』がその主なものであるが、なかでも大久保家の系図や多くの史料を元に詳しく記した六一二頁に及ぶ『大久保氏系図章男事集記・全』（以下『事集記』とする）には歴代当主の生涯に亘る事跡・成果等年月日まで詳しく記されている。これは章男（小膳）が明治十七年（一八八四）、六十二歳の時にまとめたもので、小膳が天保七丙申年（一八三六）二月五日、御小姓に召し出されて以降の部分については五六〇頁に及び、小膳が歴代藩主の側近として仕えた幕末から明治維新の日記的公的な記録でもある。

「はじめに」でも述べているが、章男とは大久保孫左衛門家六代目当主小膳のことで、明治になり改名したのである。そこで本書はこの『事集記』を中心に記述していくこととする。

「大久保氏系譜」の最初には「我朝天地開闢最初国主である天御中主尊《あめのみなかぬしのみこと》」から始まり、九代後には「天児屋根命《あめのこやねのみこと》」（春日大社の四柱の一つで藤原氏の祖神）、さらに二十代後には中臣鎌足が記されている。以降、不比等、房前、真楯と太政大臣が続くのである。その後平安時代中期の藤原忠平は有名で朱雀天皇の時に摂政、関白になり、世に「小一条殿」とも呼ばれた。

『大久保氏系図章男事集記・全』

　忠平の三代後の藤原道兼（七日関白）、そしてさらに三代後藤原宗円の時代に宇津宮の座主となり、その後の先祖は「宇津氏」となる。さらに下ると宇津九郎右衛門忠平の代となるが、系図の註には

「忠平長子然身体肥満不便於武事自知不可戦功譲家於弟忠俊隠居於三州上和田郷終身不仕云」とある。すなわち忠平は肥り過ぎており戦にも行けないので家督を弟忠俊に譲り、忠平は田舎で隠居するというのである。またこの弟・忠俊の代で宇津という姓を改め「大久保」として、忠俊は大久保五郎右衛門忠俊となるのである。

なお『大久保章男(旧藩時代小膳)伝』の史料によれば「大久保氏の先祖は藤原道兼に出づ、道兼の玄孫宗円、宇都宮座主と為り宇津を以て氏となす、宗円十八世孫忠正、初め武田信玄に仕ふ、徳川家康公甲斐を領するに及び武田氏の旧臣を以て藩祖井伊直政公に属す」とある。初代忠正(式部少輔、新右衛門ともいう)である。

大久保家初代新右衛門忠正、馬上の武者絵

そもそも小膳の祖先の大久保家は徳川家康の祖父に当たる松平清康の時代、すなわち天文年間より徳川家の旗本であったが、初代の大久保忠正は一時甲州武田信玄公に出向して仕えていた。永禄の頃、一向一揆があり、こ

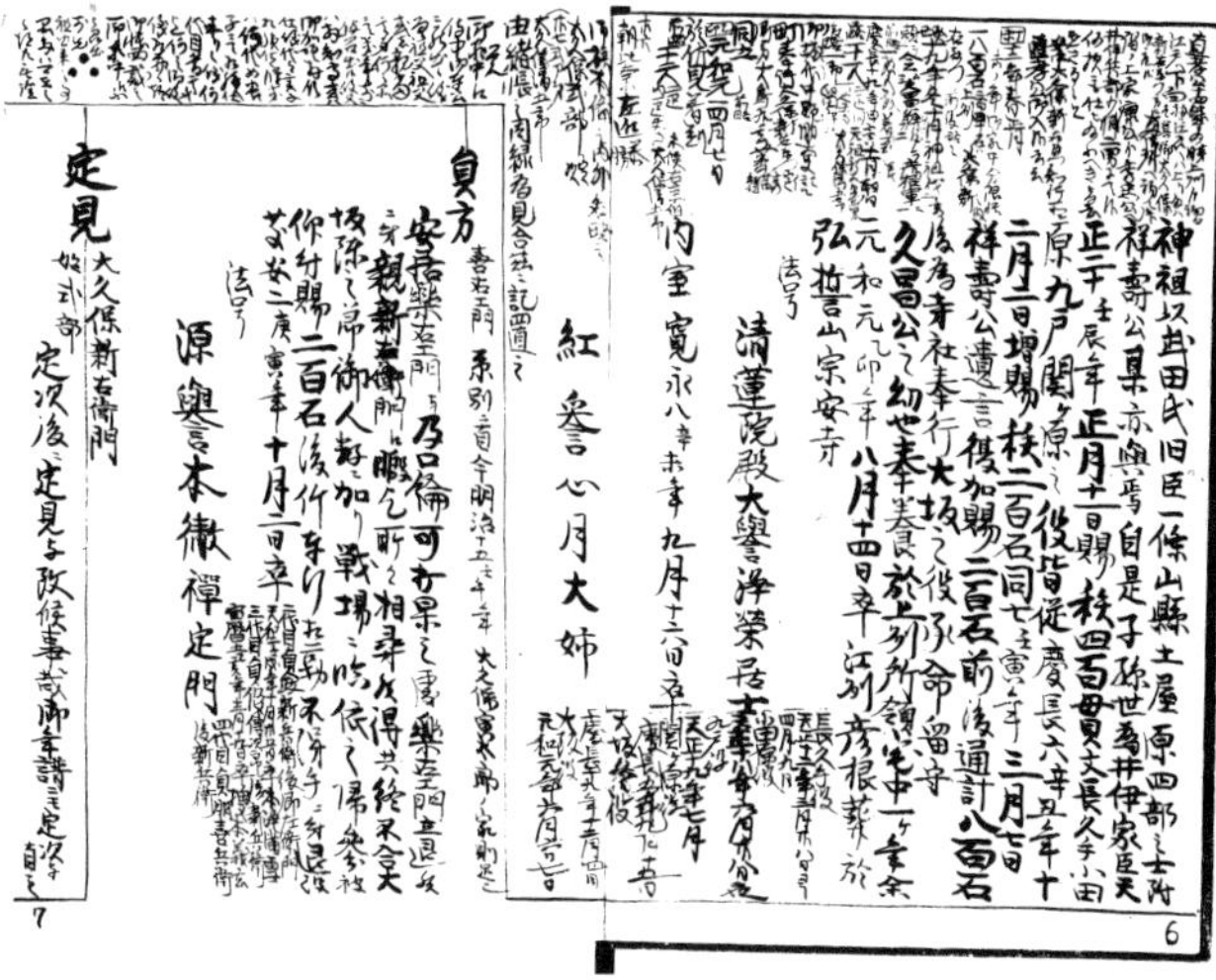

事集記の二代目定正、三代目定見系図部分

れを鎮圧した忠正の戦功に対して信玄公は御褒美として名前に「昌」の字を賜ったので、「忠昌」と称したこともあったが、その後徳川に戻り、忠正、大久保式部少輔と称えたのである。初代新右衛門は慶長十八年十一月三日死亡、戒名「空月浄光禅定門」といい、現在までその御位牌も大久保家の仏壇に並び、また墓石は彦根市宗安寺の大久保家墓地に建っている。

また二代目忠正は「改めて大久保定正と称す、終に彦根藩の世臣と為る」とある。

二代目大久保定正は幼名を千世松といい、その後新右衛門尉とも称した。慶長六年（一六〇一）直政が佐和山城に入部したとき、領民に対する規定には二代目新右衛門の名もみえる。二代目新右衛門は慶長五年（一六〇〇）関ヶ原の戦いで戦功があり、翌六年六百石の知行、慶長七年三月から町奉行を勤め、八百石に加増、元和元年（一六一五）八月十四日に死去した。法号は「清蓮院殿大誉浄栄居士」、同じく宗安寺に墓が残っている。

このように藤原、宇津、大久保と姓は変わるが「源平藤橘」の四大ルーツからすれば、藤原氏の後裔であることは明白である。藤原一門の氏神は奈良の「春日大社」（宮司・花山院弘匡氏）であり、寺院は「興福寺」である。今日でも春日大社奉賛の藤原一族の会として、五摂家はじめ、藤原氏後裔とゆかりのある子孫等が会員の「藤裔会」（会長・近衛忠輝氏）が活動しており、筆者もその会の理事を仰せつかっているのも、祖先が藤原氏だからである。また付け加えれば、「天下のご意見番」旗本の大久保彦左衛門忠教の父であり、小田原城主となった大久保忠隣の祖父である大久保忠員は初代大久保忠正の父・忠平とは兄と弟の関係になるのである。

大久保孫左衛門（小膳）家

初代大久保孫左衛門貞員が井伊家四代藩主直興公より拝領した「古伊部獅子」の香炉

直政公とともに彦根に来た大久保新右衛門であるが、四代目新右衛門（定勝）の次男孫左衛門貞員《さだかず》（後に定員）が分家したのが、筆者の大久保家である。初代貞員は貞享三年（一六八六）に直興公の小姓から始まり、元禄十年（一六九七）に新知行二百石を拝領した。小納戸《こなんど》を勤めていた正徳二年（一七一二）には百石加増、また勤続三十年目の享保元年（一七一六）には、数年屋敷がなかったとのことで、桜馬場町の平石小左衛門の住んでいた家を拝領し、最終は御取次役を勤めている。なお知行高は五代目まで三百石であった。

二代目員芳《かずよし》は享保五年（一七二〇）に初代

貞貝の病死に伴い、跡を継ぎ、母衣役、城使、馳走奉行を勤めた。貝芳と同じく馳走奉行であった二代目石居三郎左衛門元成の三男・九八を養子に迎えており、明和五年（一七六八）貝芳が隠居を申し出たため、貝久《かずひさ》（九八）が三代目孫左衛門を継いだ。

三代目は武役だけであったが、四代目貝救《かずあつ》は江戸赤坂屋敷の留守居役、馳走奉行を勤めた。五代目貝毗《かずまさ》は四代目貝救が存命中の文化五年（一八〇八）に小姓となり、翌年に捨三郎から小膳と改名している。初代より四代目までは孫左衛門を名乗っていたが、貝毗からは捨三郎、小膳と名乗り、孫左衛門の名は使っていない。中屋敷留守居役、大津蔵屋敷奉行、直亮嗣子直元公の小納戸役・側役を勤め、最終は大津蔵屋敷奉行であった。そして六代目貝好《かずよし》が小膳（章男）である。

大久保家の系図

○は、孫左衛門家の代数を示す。
□は、新右衛門家の代数を示す。
ここには重要な人物のみ掲げている。

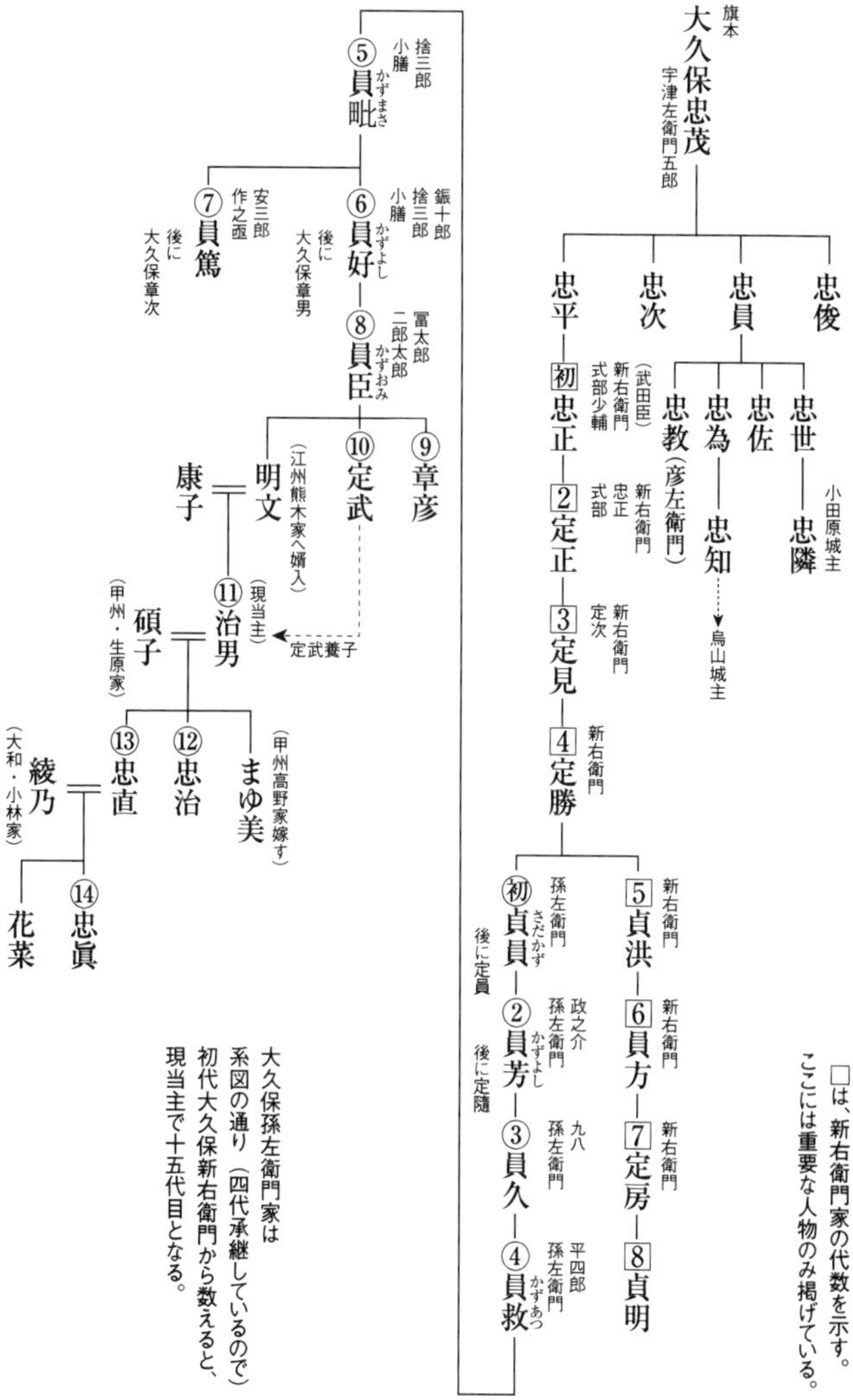

大久保孫左衛門家は
系図の通り（四代承継しているので）
初代大久保新右衛門から数えると、
現当主で十五代目となる。

第二章　直亮公時代の小膳

最初は若様・直元公付小姓から

大久保家五代目小膳員毗《かずまさ》の息子・員好《かずよし》は幼名を鉝十郎、後に捨三郎といい、文政四年（一八二一）正月二日に尾末町の大久保邸にて員毗の嫡男として生まれた。母方は三浦高智の娘、久である。その後お仕えすることとなる井伊直弼公の生誕から六年後の事であった。ちょうどこの頃にはイギリス船が度々浦賀に来航し、薪水や貿易を求めたりしており、相模沿岸や房総沿岸の警備に力を入れる時代でもあった。

員好は父と同じく、元服が済んだ天保七年（一八三六）二月五日、百俵八人扶持で江戸詰めの小姓を命ぜられ、準備・往路に約二十日かかり三月五日江戸へ到着した。そして十月には十二代藩主直亮《なおあき》公の嗣子直元の部屋附となった。この時期、父員毗も江戸詰めで直元公の小納戸・側役をしており、親子ともども江戸詰めであった。ところが天保十年（一八三九）、員毗は体調が悪くなり、御役御免を願い出たものの叶わなかった。しかし十一月には大津蔵屋敷奉行に役替えをしてもらうことができ、江戸を離れた。員好は相変わらず江戸詰めであったが、天保十年の正月には百日の長期休暇をもらい、彦根へ帰ることができた。また、藩からは羽二重の生地を一疋いただいた。

天保十一年（一八四〇）八月、員好の弓の腕前が上達したと、若様（直元）より䩞《ゆがけ》（弓を射るときに使う皮の手袋）と䩞袋と蒔絵の御盃をいただいた。その年の末、員毗が大病とのことで、急遽彦根に帰ったものの、翌十二年正月、員毗は死去、員好は二十一歳で家督を継ぎ三百石を給せられた。役職も近習から奥供詰となり、再び江戸詰めとなった。また六月には捨三郎から小膳と改名した。以後この六代目小膳員好のことを「小膳」と呼ぶことにする。

天保十三年（一八四二）五月、直亮公が江戸から彦根へ御着城の際は道中川割の取次や足軽の采配を担当した。七月には初めて御前母衣御役を賜った。母衣役とは鎧兜に身を固め、背に幅広の絹布をまとった騎馬隊のことで、用人、側役、町奉行、筋奉行、小納戸役などが大抵二十名ほど兼任していた。大久保家では初代より代々母衣役を仰せつかっており、天下泰平の世の中になったとはいえ、武士にとって母衣役は栄誉なことである。

彦根藩歴代藩主像

初代より上から順に描かれている。左下・直憲公、右下・直弼公、中央・直亮公

大名の参勤交代は一年毎である。翌天保十四年（一八四三）には通常より早く三月十四日よりには再び江戸へと向かった。ちょうどこの年は徳川家慶による最後の日光社参が行われたためである。これは徳川の威光を示す行事で四月十七日の家康公の命日に将軍家をはじめ、諸大名、旗本など十数万人が日光東照宮へ向かうのである。小膳は直亮公の御側供として仕えた後も引き続き江戸詰めとなり、翌年五月になって、彦根へ戻った。小膳二十四歳の時である。

小膳、直亮・直弼公の小納戸御用に

弘化二年（一八四五）七月二十二日、小膳二十五歳の時、嗣子直元公の小納戸役を仰せつかり、再び江戸詰めとなった。しかしながら、直元公は翌三年一月十三日、三十八歳の若さで逝去したのである。直元公の代わりの嗣子として直弼《なおすけ》公に順番が回ってきたのである。直弼公は十七歳より三十二歳までの十五年間を過ごした埋木舎を離れ、二月一日に彦根を発ち十日江戸に到着した。直亮公は二月十七日、幕府に直弼を養子とする旨願い出て、翌十八日許可が下りた。なお、この日小膳は直亮公の小納戸役と嗣子・直弼公の小納戸御用も併せて仰せつかったのである。そして同月二十八日、直弼公は直亮公に伴われて江戸城へ登り、将軍に初御目見の儀式も無事終了した。その節、将軍への御献上物の御用掛を小膳は仰せつかった。同年十二月十六日、直弼公は従四位下侍従に任じられ、玄蕃頭《げんばのかみ》を称することとなった。

ところで小膳が直弼公と対面したのは、この時が初めてであったかどうかは不明である。というのも、小膳の自宅は直弼公が十七歳から住んでいた埋木舎のすぐ近くだったのである。

さて、小膳は直亮公の参勤交代に御供し、弘化三年(一八四六)五月に彦根へ戻り、翌四年四月には再び江戸へ出立している。そして、その次の参勤交代は相勤めず、そのまま江戸詰めをしていたようで、嘉永元年(一八四八)十一月十五日、小膳は直弼公の小納戸役となった。「勤仕早見表」には以下のように書かれている。「直弼公御住居江相勤候様被仰付　二十八歳」。

なお嘉永二年(一八四九)の正月は長期休暇を百五十日もらい、彦根で過ごしている。もちろん江戸詰めといっても毎日の勤務ではなく、輪番制である。しかしながら、役柄上、朝から夕方までの勤務ではなく、身辺のお世話といえば二十四時間、誰かが藩主や若様のお側に控えていなければならなかったのかもしれない。どうやら江戸詰めの場合、数年に一度、長期の休みをいただき、帰藩できるのであろう。

直弼公が15年間若い時代を過ごし文武両道を修業された「埋木舎」(藩公館)

ここで小膳の役職について、少し説明すると、小納戸とは藩主や若殿様の側で身辺のお世話をする役で、二名から十名ほどが担当していたという。側役とは藩主、若君や家老、諸役人への伝達、藩士からの上申や御礼の取次、藩主の寺社参詣、鷹狩りの御供、殿中での儀礼の指図などが仕事であり、今でいえば、会社における秘書課のような仕事である。こちらも十名近くが従事していたようだ。

第三章　小膳、直弼公に仕える

直亮公の逝去

　さて、江戸へと移った直弼公はこの頃、石州流の片桐宗猿と「茶湯尋書」をやり取りしていた。ところが嘉永三年（一八五〇）二月五日麹町より出火した火事は桜田上屋敷まで延焼し、道具や書類、書物の大半が焼失してしまった。

　この年は普段であれば春に藩主・直亮公が参勤するのであるが、上屋敷が火災に遭ったため、出府は延期されていた。また直亮公が春頃から容態が良くなかったこともある。直弼公は、藩主であり兄でもある直亮公が気がかりで、看病のため彦根に参りたいと願い出たが、家老に阻まれてしまいなかなか動けなかった。

何とか江戸を出立する許可を得て、東海道を西へ向かったのが十月五日、もちろん小膳も御供した。ところが川崎で一泊した時、直亮公逝去の報が入った。直亮公は既に九月二十八日に亡くなっていたのであった。やるせない思いを胸に直弼公は江戸へ戻ったのである。

かくして直弼公は十一月二十一日、直亮公の遺領を賜り、幕府の命により同二十七日掃部頭《かもんのかみ》と称することとなる。なお直弼公が引き継いだ遺金の分配であるが、直弼公はその遺産、約十五万両を家臣はじめ、寺院の他、領民達へも分配した。十二月二日、領内の不作や物価の高騰を理由に領民へ一万俵の救い米をくだした。また家臣には武具を充実するよう遺金を分配したのである。

ここで家督を継ぐにあたり、幕府への献上物の準備御用を仰せつかったのが小膳であった。大任であったが何とか無事に御役を勤めたとのことで、十二月五日には直弼公家督内祝いとして黒羽二重小袖と佐竹永海筆の「林和晴の御画」を拝領するという栄誉を受けた。

亡き直亮公の御戒名は「天徳院真龍廓性大居士」といい、清凉寺に眠っておられる（五十七歳にて逝去）。この天徳院様の御遺物の御上下や羽織等も小膳は拝領している。

小膳、藩主・直弼公の相州警衛に御供する

直弼公が十二代直亮公の嗣子となった弘化三年（一八四六）にはアメリカ東インド艦隊司令長官ビッドルが浦賀に来航、通商を求めたが、幕府はこれを拒絶、その二年前にもオランダの軍艦が長崎へ来航、使節コープスが開国を勧告するオランダ国王の書翰を呈したり、フランス船が琉球に来航し、通商を求めたりして、幕府の鎖国政策にも外圧が加わってきていた。

弘化四年（一八四七）二月十五日、幕府は相模、安房、上総の沿岸警備を彦根藩、川越藩、忍藩に命じたのである。彦根藩は相模の千駄崎など三ヶ所に砲台を構築した。当初は幕府から大砲の借用を願ったりもしたが、後に大砲の鋳造まで独自に行い、藩士を浦賀に派遣して砲術の訓練も行っている。

嘉永二年（一八四九）閏四月にイギリスの軍艦マリナー号が相模国三浦の千代崎沖に滞船したが、イギリス船はすぐに退去した。翌年六月にはオランダ船が入港し、アメリカも近々対日通商貿易の要求をすると報じてきた。

直亮公が逝去した翌年の嘉永四年三月、直弼公は相州警衛地を巡見した。小膳も御供をする。

小膳三十一歳の時である。小膳の留記によれば、巡見先へは各々先に到着し、備えを確認の上お迎えした。五日から十四日までも九日間のご巡見であった。

同年五月二十六日、直弼公が藩主になって初めて彦根へ発駕の御供である。この時は井伊家祖先の地、井伊谷へお廻りになり、また遠江の八幡宮・龍潭寺へ参詣された後、六月十一日彦根へご帰城された。

嘉永五年(一八五二)、小膳にとっても三年ぶりに彦根で家族とともに正月を迎えることとなったが、早速二日には新年の行事として、藩主・直弼公はじめ、御重役が居並ぶ前で御弓始めの代射(殿に代わって弓を射る)という栄誉を仰せつかったのである。

新年行事としては、二十六日には槍術、二月二日には剣術、九日は居合術等藩主御前での諸行事が数々催されたが、いずれも藩主側近として参列した。誠に晴れやかな新年であったであろう。

領内巡見に小膳も御供

嘉永三年（一八五〇）九月、藩主であり、兄でもある直亮公が死去し、直弼公が十三代藩主に就任すると、直弼公は十五年に亘る埋木舎時代の質素な生活や禅、茶道、国学、仏教等の影響を受けた深い哲学的勉学による人格形成より沸き起こる卓越した政治信条により、立派な政治を実践したのである。勿論、井伊家の家風を守り、幕府への忠誠心と家臣の文武忠孝を励ますことは当然であるが、直弼政治の特質は、家臣、領民と向き合い善政を行うことである。仁政思想である。

まず、先代直亮公が遺した遺産、約十五万両を家臣はじめ寺院や村々の領民へも分配したことは前述したが、「埋木舎で一生終わる我が身かもしれないのに図らずも藩主になれたことは皆のお蔭でもある。皆に感謝の気持ちを表わし、直弼政務に何卒よろしく、共にがんばってくれ」という、当時としては考えられない善政宣言でもあった。直弼公は遺産分配の他、役人へも優秀な者の人材登用を宣言し、裁判なども公平に行うこと、それよりも歴代藩主が行わなかったところまで、領地をくまなく巡見し、領民に接し、直接にコミュニケーションを行おうとした直弼公の為政者としての姿勢は当時としてはまさに画期的なものであったといえる。

就任の翌春には彦根藩士が警衛している相模・海防の陣へ激励に行ったことも前述したが、まず地元・彦根の領内の巡見が始まった。

嘉永五年（一八五二）の正月行事の後、閏二月二十一日よりは南中筋御領内の巡見が始まり、小膳も側近にて御供をしている。安食中村から八島村（泊）、山本村から川合村（泊）、安部居村から中ノ郷村（泊）、市原野村から瓜生津村（泊）、宿村から木流村（泊）、そして二十六日には肥田村から彦根城へ戻られている。三月十二日より十七日には、南中筋の残りの御領内巡見として八町村から下枝村（泊）、勝堂村から小田苅村（泊）、妹村から下山本村（泊）、大沢村から元持村（泊）、岩倉村から北落村（泊）、高宮村で昼食をとられてご帰城された旨、小膳の留記に書かれている。

直弼公の仁恵思想に基づく領内巡見は寒暑をいとわず前後九回に及び、領民の窮乏に耳を傾け、解決できるものは善処している。また何より直弼公の心をよく表している和歌をあげておこう。

此のほどの旅のつかれも忘れけり　民すくはんと思ふばかりに

恵まずであるべきものか道のべに　いでたつ民のしたふまことを

直弼公のご婚儀とお子様の事

直弼公は埋木舎で暮らしていた時、彦根藩士千田又一郎の娘・静江との間に長女（死産）、長男（即日死去）、そして直元公の死去間もなくの弘化三年（一八四六）一月十六日に二女弥千代をもうけていた。弥千代が生まれたのは埋木舎南棟にある「御産の間」である。ちなみにこの弥千代姫は後に高松の松平頼聰《よりとし》の奥方になられた。埋木舎の庭に安産の神の小さな祠を建て、直弼公は毎日静江を励ましていたという。弥千代が生まれてすぐ嗣子となり、一ヶ月後に江戸へ出立されたため、直弼公は江戸から静江と弥千代のことを思う手紙を度々書かれたという。

また直亮公嗣子となってからは、同じく彦根藩士西村忠次の娘・里和との間に、嘉永元年（一八四八）直憲（幼名愛麿）、同二年直咸、同四年直安、安政五年（一八五八）直達、そして女児三人の子宝に恵まれていた。

しかし、井伊家の格式から考えて正室を迎えることになり、嘉永五年（一八五二）七月二十一日、丹波亀山前藩主、松平信豪公の娘昌子様と結納を交わし、八月十五日、昌子様は江戸屋敷へ越されてきた。昌子様は十八歳、直弼公は三十七歳と何と親子ほどの差があったが、桜田事変後も貞女として未亡人を立派に務められた。小膳の留記によれば「同年八月二十八日、昌姫様御入輿御用懸仰せ付けられる」とある。そして、ご祝儀として御紋付の上下を頂戴したとある。

曲物黒漆塗

栗山桶花生（直弼公より拝領）

日光栗山で直弼公が買い求めた桶に漆を塗り、直弼公の和歌が書かれている。同様の花生と水指が彦根城博物館にもある。

小膳、佐野御巡見に御供する

嘉永六年（一八五三）三月、直弼公が日光東照宮へ参拝に出かけられた帰り、佐野領の巡見をするとのことで小膳も御供した。佐野では専売権を持つ商人だけが不当の利益を独占しているのを知り、即座に諸株運上を廃し、自由営業にした。また娼妓・

売春の弊を知り、これを全廃し、娼妓は領外へ退散させたのである。またその営業者へは転業を助けるため、貸与金の償還も免除している。直弼公の善政、即決には目をみはるものがあった。

そして五月十九日に江戸を発ち、翌六月一日にご帰城、御供した小膳は三十三歳になっていた。

羽田・大森警衛から京都守護へ

嘉永六年(一八五三)六月三日、アメリカ東インド艦隊の司令長官ペリーが軍艦四隻を率い浦賀に来航、国交を求める国書を持参した。この異国船江戸近海への渡来緊急事態に対応するため、約一ヶ月後の七月十三日発駕、二十四日に江戸へお戻りになった。小膳もその御供をして江戸へ着いた。また七月十八日にはロシア使節プチャーチンが長崎へ来航している。幕府は八月に品川の台場築造に着手した。十一月に彦根藩は相州警衛から羽田・大森の警衛を命じられた。

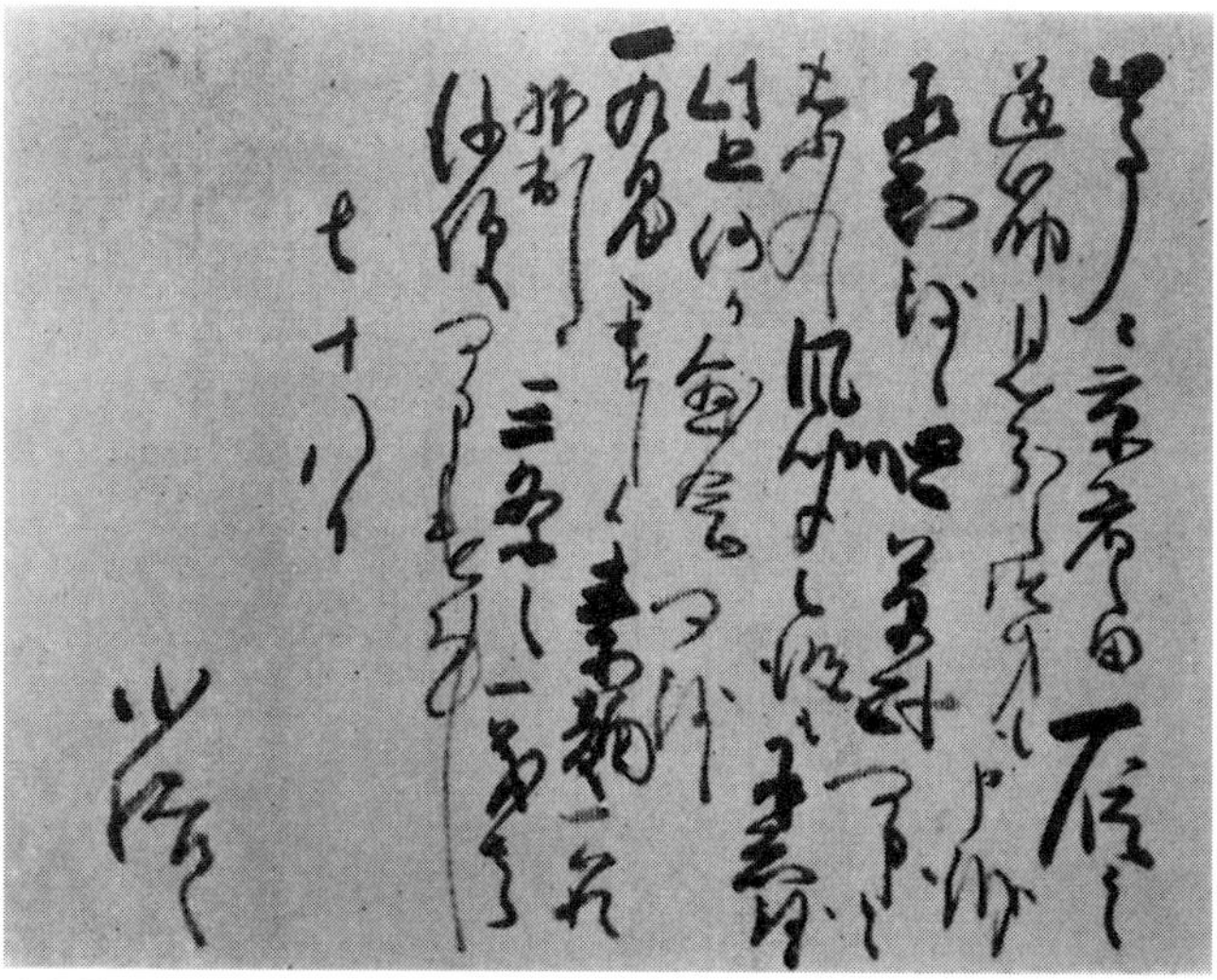

京都見分後、直弼公より小膳への手紙

嘉永七年（一八五四）一月十六日、ペリーが再び軍艦七隻を率いて神奈川に来泊、三月三日に日米和親条約を締結した。それから約一ヶ月後の四月九日、ようやく彦根藩は羽田・大森の警衛を解かれ京都守護を命ぜられたのである。直弼公は五月五日江戸を発ち、十五日彦根に着いた。もちろん小膳も御供した。小膳は近従としてよく勤めたと、七月二日、大西浄玄作の「阿弥陀堂釜」を、三日には圭齊筆の「鷹岩波画」の掛物を直弼公より拝受している。

　彦根藩が京都守護を命ぜられたことに伴い、小膳は京の状況を調べるよう指示を受け、七月十四日京へ向かった。洛中の大砲の設置場所や数、警備の人数、地理見分などした後、三条実万《さねつむ》様の御屋敷へも参上し、種々のご説明を申し上げるとともに三条様より直弼公への御直書も頂戴し、閏七月十六日、彦根に戻った。

九月二十一日、大坂沖に異国船（ロシア軍艦）渡来の報を受け、小膳は馬にて大坂へ斥候した。翌二十二日大坂での見分状況を詳しく記し、飛脚で藩へ報告、さらに数日大坂に留まり、状況を調べ二十五日未明、彦根へ戻ったのである。

十月二十七日、直弼公は淀堤の鷹場巡見のため、彦根を出発され、小膳も御供をしたのであるが、本来の目的は京都警備地の巡覧であった。各地をお廻りになった後、十一月九日に彦根にお戻りになった。

安政二年（一八五五）の前半は彦根でお過ごしであったが、二月二十六日は野仕合、五月十五日は調練、八月十二日は再び調錬と度々軍事訓練を視察され、非常時に備えておられる直弼公のご様子を小膳はお側で拝察していたのである。八月十七日参勤のため江戸へと向かわれる際、仙琳寺にて寿牌（直弼の位牌）の祈祷をするよう手配されたという。危険な世情に死をも覚悟されたのであろうか。二十八日には江戸へ着き、九月一日には江戸城に登城された。

第四章　小膳、直弼公に茶の湯を習う

直弼の茶道の精神的真髄とは

井伊直弼公は埋木舎時代、巷では「茶歌ポン」と呼ばれていた。茶の湯、和歌、謡曲の鼓の音「ポン」であり、いずれにも造詣が深かったのであるが、そのバックボーンには禅の精神があった。

埋木舎の茶室・澍露軒《じゅろけん》では「一期一会」の精神の『茶湯一会集』を著し、「独座観念」や「余情残心」への心の研ぎ澄まされた茶道に昇華されていた。藩主になってもこの茶道の精神が政治を行う上でも基になっている場合が看取される。

ここで直弼公の茶の湯について、少し述べることにする。直弼公は十三歳の頃から佐和山の麓、井伊家の菩提寺である曹洞宗の寺、清凉寺《せいりょうじ》で禅の修行を積み重ねた。道明、師虔《しけい》禅師と続き、その後高僧・仙英禅師より「印可証明」「袈裟血脈」を授与されている。

直弼公が弘化二年（一八四五）十月に著した「入門記」で独自の一派を為すと示したのであるが、このなかでは次のように述べている。

茶道は心を修練する術であり、自ら五倫の道が備わっている人物で各人の本業が成り立ち励勤するような一助となるもの……その為にはまず自分の心を修め勇気を養うような大器量を有する者……が修業せねばならぬといい、また貴賤貧福の差別なく行うものでたとえ貧しくとも学ぶことはできるのである。

こうした考え方は当時としてはまさに革命的であり、「埋木舎」における質素倹約の生活の中から豊かな心の修養を茶道において探求してきた直弼公ならではの茶の湯の心であろう。

さらに「茶道と政道」のなかでも「今喫茶の道は、上は雲の上より下は田子に至るまで少し

裏庭からみた澍露軒

も違う事はなく、相応しくないという事もなく、誠に同じく行われて、又、富者・貧者、是またともに同じく楽しまるる道なれば……」と平等を説き、自らもこれを実践したのである。

次に『茶湯一会集』より、その一部をあげて直弼公の真髄を知る事にしよう。

「一期一会」

……茶湯の交会は一期一会といひて、たとへハ幾度おなし主客交会するとも、今日の会にふたゝひかへらさる事を思へハ、実ニ我一世一度の会也、去るニより主人ハ万事ニ心を配り、聊《いささか》も麁末《そまつ》なきやう深切実意を尽し、客ニも此会ニ又逢ひかたき事を弁へ、亭主の趣向何壱つ

もおろかならぬを感心し、実意を以て交るへき也、これを一期一会といふ

「独座観念」

主客とも余情残心を催し、退出の挨拶終れハ、客も露地を出るに高声ニ咄さす、静ニあと見かへり出行は、亭主ハ猶更のこと客の見へさるまても見送る也、……いかにも心静ニ茶席ニ立もとり、此時にしり上りより這入、炉前ニ独座して、今暫く御咄も有へきニ、もはや何方まて可被参哉、今日一期一会済て、ふたゝひかへらさる事を観念シ、或は独服をもいたす事、是一会極意の習なり、此時寂莫として打語ふものとてハ、釜一口のミニシて外ニ物なし、誠ニ自得せされはいたりかたき境界なり

直弼公の茶道は茶室や茶器や身分に執着しない「心」の茶道、わび、さび、しかも禅的精神に裏打ちされ、昇華された次元の高い茶の湯の真の精神に基盤を置いた茶道であったのである。

茶の湯とてなにか求めんいさぎよき　心の水をともにこそ汲め

とも角に心の塵をまづ掃きて　のむべかりけり宇治のつみ草
何《いず》くにかふみもとむらんそのまゝに　道にかなへるみちそこのみち

直弼公の茶道はすべての形式的茶の思惟を超えた茶の道の究極の探求であり、「和敬静寂」の心境でもあったのである。右の直弼公自作の和歌によっても明らかである。

小膳、宗名を授かる

直弼公は石州流であったが、禅の精神なども導入して直弼公独自の流派を創った。大久保小膳が記した「茶事心おほえ」によれば、直弼公が直々に茶名（宗名）を賜った弟子達（彦根藩士）は十七名であり、その役職は家老、側役、用人、小納戸など、常々直弼公に近いところでお仕えする者達であった。最も早く茶名を受けたのが中嶋宗達（医者）で、嘉永六年（一八五三）とあり、これに次いで授けられたのが大久保小膳であった。小膳は安政二年（一八五五）四月、「宗保」の号と御名入り茶杓を授かった。

なお、茶名については「茶事心おほえ」には次の十六名が挙げられている（これには宗味 三浦内膳が書かれていない）。

宗収 椋原主馬	宗量 柏原与兵衛	宗瑞 杉原惣左衛門
宗保 大久保小膳	宗志 宇津木左近（幹之進）	宗白 青山与五左衛門
宗石 小県清庵	宗厳 臼井左門	宗専 村田大輔
宗情（清） 今村多門次	宗渡 橋本太右衛門	宗三 飯島三太夫
宗泉 奥野藤兵衛	宗意 岡嶋愿達	
宗達 中嶋宗達	宗洗 宇津木六之丞	

記録に残る小膳が同席した茶会

ここで少し、小膳が亭主を務めた茶会、お相伴にあずかった茶会等を書き留めておく（これらは彦根城博物館叢書３『史料井伊直弼の茶の湯（下）』熊倉功夫編を参照、記号等は同書の史料番号を示す）。

安政三年（一八五六）正月六日、江戸上屋敷の一露亭において直弼公が開いた初釜である。正客は用人である椋原主馬（宗収）が務め、三浦十左衛門（側役）、宇津木六之丞（側役・宗洗）、宇津木幹之進（小納戸・宗志）らと共に小膳は茶席に呼ばれている（東都⑧）。翌日は初日と違う側近らを招いた初釜二席目のようで、同じお道具・料理であった。

湖東焼　染付松竹梅図水指（大久保家蔵）

「懐石附」史料によると安政三年四月九日、同じく一露軒（亭）で小膳が亭主を務めているが、これら茶会を催すにあたり、前もってお道具・設え等を直弼公に献茶願いとして提出、茶会記録も後日進上することを、小膳自らの備忘録「茶事心おほえ」に記している（懐石附㉚）。なおこの茶会では前年直弼公より拝領した御自作の茶杓「洲鶴」をお披露目した。

五月十六日には江戸を発って木曽路で十二

日間かかり、二十七日に彦根へ着城された時も小膳は近側で御供をしている。そして十月七日には彦根城表御殿の天光室での口切の茶事に招かれている（彦根水屋帳）。

安政四年（一八五七）正月十三日は彦根表御殿天光室での茶会で、亭主は宇津木六之丞、愛麿様、小膳、柏原徳之進、中嶋宗達が直弼公と同席している（懐石附㊸）。

二月二十七日は同じく天光室で小膳が亭主を務めたが、嘉永七年七月に直弼公からいただいた浄玄の阿弥陀堂釜のお披露目をこの時にしている。道具類は季節や組み合わせが大切であるため、亭主になった藩士が、お道具を考え、揃えるのだが、手前で用意できない道具は直弼公から借用し、茶会を催したのである（懐石附㊾）。

そしてこの年の三月十五日、大久保小膳と酒居三郎兵衛の二人は直弼公の御側役替と、併せて愛麿様の御付人を仰せつかったのである。

四月五日、青木順蔵亭主の天光室での会（懐石附㊻）「一紙もの茶会記」にも、十月十一日（一紙⑧）、翌安政五年（一八五八）正月二十三日（一紙⑨）というように、度々愛麿様のお相手や献茶をすることが増え親しくお仕えすることとなった。

愛麿様、小膳宅へお立ち寄りになる

安政五年（一八五八）三月六日の『小膳留記』には「直憲公大久保小膳屋敷江御立寄被下置」という見出しでその様子が詳しく述べられ、小膳が名誉なこととしてお迎えし、感激した様子が目に見えるようなので次に現代語訳して載せることとする。ちなみにその頃の大久保屋敷は埋木舎ではなく、そこより門前の道をいろは松とは反対の方向に向かって、その五、六軒先の左側であった。

午後二時頃、直憲公は城内御屋敷より小舟に乗られ御堀の水路で尾末町の石居三郎右衛門屋敷の脇の舟着場より上がられ、歩いてすぐ側の小膳屋敷へ向かわれた。小膳は門前にて御出迎え御挨拶し、すぐに一番奥の客間にお通しする。直憲公には御干菓子と御薄茶を差し上げる。床へ長熨斗や刀掛けに御刀を置かれリラックスしていただき、御餅菓子で煮茶をお出しする。藩の料理人・浦部辰之助の包丁さばきにて，鯉の御料理をしている処まで御覧になられ、再び御座所で御吸物・御酒や料理したばかりの御肴類をお出しして御接待する。直憲公御持参の御小弁当もその時一緒に食された。御供の側役、小姓達も別室で宴席にあずかり、皆楽しくよもやま話に花が咲いた。小膳は心をこめて御接待申し上げ、直憲公に御仕えできる幸せに心躍っていた。御帰りは門前より御馬に乗られ御供揃いもされて御機嫌よく御城へ帰られたのである。あっという間の素晴らしい一時は過ぎ去った。

小膳は早速に御登城し、植木鉢をおみやげに本日の御来訪の御礼を申し上げ御機嫌伺いを済ませたのである。

小膳が書写されていただいた茶書

直弼公は小膳のみならず、弟子達に茶道具を授け、弟子達はその道具を用いて茶会を開き、研鑽をつんできたのである。

なお、小膳は小納戸時代から、常に直弼公の奥向きとしてお側にお仕えしていたため、直弼公が著した著書の多くをお預かりし、書写させていただいた。なかでも『茶湯一会集』は、直弼公が完成された安政四年（一八五七）、いち早くお預かりし、写本を遺していたため、その成立時期の決め手ともなったのである。

以下今も大久保家に残されている茶道関係の古文書を題名のみ記しておく。

1　茶湯一会集　全

2　身之曲尺居住居之記　全
　　初炭後炭　濃茶薄茶　全

3　茶湯道志るへ
　　十箇条（雪景色、茶筌、茶入、茶碗、茶巾等）

4　茶事心おほへ　緑竹舎　宗保

『茶湯一会集』（小膳写本）と直弼公より拝領した瓢箪釜
直弼公が江戸へ発つ8月17日までに完成したのであろう

茶之湯心得并懐石次第
（直憲公より拝領）
5 三百箇条 上巻
石州流三百〃条之内百条〃
平手前 目録
6 御手順秘録（全）
石州流長板九段覚書
7 茶事心覚
8 未央庵茶語 写 二冊
茶事勝手何仕方之次第
露地條約
9 一会集の写本を製作の為の準備写 四綴
10 茶湯手引草 上・下
行鉢法略式、言附

埋木舎で彦根一会流の茶会。左から筆者、神野紅舎先生

11　直弼公直筆　炭組様之図　下書

12　大久保宗保・茶書秘録類

　　袋束、五束

13　直弼公茶道「入門記」宗保写し

　　未卯月二日、道具幷懐石付

14　茶事心覚　秘書

15　茶会記録　付、御懐石料理

　以上の史料は整理済。他に小膳の諸留記、古文書の中にも茶の湯関連史料あり。

最後に何回か開かれている「大久保小膳亭」の茶会の詳しい内容の史料が残っているが、安政四年（一八五七）二月二十七日の彦根「天光室」での直弼公ご出席の茶会の具体的内容が明らかになる史料を一つ紹介しておこう（『史料　井伊直弼の茶の湯（下）』二三四、二三五頁より）。

安政四年
二月廿七日於　大久保小膳亭
天光室御席
御　杉原惣左衛門
村山熊次郎
椋原　杢
奥野藤兵衛

初座

御床　大徳寺玉舟筆
掛物　画賛
釜　阿弥陀堂浄玄作
からふねふた
箱大西浄雪書付
炭斗　時代竹組貝形

香合　広東染付桃形
灰器　柳川
水次　広嶋薬鑵
青竹挽切

後座

懸物はつして
掛花入　鉄筒宗的模
彦兵衛作
花　桜
水指　信楽
茶入　瀬戸
袋　錦襴
茶杓　千道安作
筒比老斎
茶碗　高麗猪名手

薄茶器　雪吹
　塗師宗哲
同茶杓　鉄刀木
同茶碗　萩
同替茶碗　雲鶴
建水　木地曲

御懐石
向　洗鯉
　岩たけ
　わさひ
　煎酒
汁　卯乃花
　ひしき
　銀杏
飯

品物
前椀　甘煮赤貝
　本のめ和長ろき
　菊のとう火取昆布
同
後取肴　角切鱸
　椎たけ
　菊のとう

吸物　身たゝき烏賊雲丹入
　松の実
香之物　ミそ漬瓜
湯
水
菓子　琥珀饅頭
惣菓子　松風
御茶銘　初昔　酒多宗有詰
以上

第五章　直弼公、桜田門外に散る

戊午《ぼご》の密勅と安政の大獄

安政五年(一八五八)四月二十三日、直弼公は国内外の難局解決のために大老に就任、六月十九日には日米修好通商条約を調印、さらに六月二十五日、幕府は十三歳の紀伊徳川慶福を将軍家定の継嗣に決定した。三大難関を一気に解決した直弼公は決断力を持って、政治・行政手腕を発揮したのである。七月には直弼公が尊敬していた十三代将軍・家定公が急死された。開国は直弼公の国際協調、平和思想(別段存寄書で開国論を展開)に基づくものであり(外国と戦争になれば必ず敗け、植民地となり、子孫まで苦渋の生活となるとまで論じている)、当時の体制維持からすれば直弼公の決断は正しかったのである。

しかしながら、天皇の御意見や諸大名の考えも聞こうとしたことが却って裏目に出て、日頃より幕府を良く思っていなかった薩長等の外様の藩や、重きをなしていなかった公家の岩倉具視らは若き天皇を使って策動したのである。特に親藩でありながら、我が息子慶喜を将軍継承の御三家の順番を無視して、将軍跡継ぎにしようとしていた徳川斉昭をはじめとする一橋派や条約締結に消極的であった天皇を動かし、八月八日に水戸藩へ倒幕の「戊午の密勅」（最近では原本は天皇の「睦仁《むつひと》」の署名も認印「可」も無く、さらに摂政・二条斉敬《なりゆき》や右、左大臣も知らないところで作文された「偽勅」であるという説もある）を出してもらう暴挙を行ったのである。

これを契機に幕府は怒り、水戸藩の家臣や梅田雲浜、頼三樹三郎、吉田松陰ら密勅関与者を逮捕、当時の法令に従い裁判をして処罰したのである。その後倒幕に成功した薩長らの歴史観からこれらを「安政の大獄」という、直弼公にとって悪いレッテルを貼られているのであるが、あの時、もし条約締結をしていなかったならば、その後の日本はどうなっていたのかを考えるべきではないだろうか。

同年十二月には孝明天皇より条約調印を了解したとの「沙汰書」も下された。また十二月二十六日には将軍・家茂公よりも直弼公の国難を救ったことへの功績を讃えられ、「鞍と小刀」を贈られている。

安政六年秋、小膳、愛麿様の御供を勤め江戸へ

直弼公激動の一年であった安政五年（一八五八）、小膳は愛麿様の御附人として、彦根でのお仕えであった。安政六年九月二十四日の小膳留記には「直憲公三河村元三大師江一夜掛御参詣」とあり、小膳も御供したとの記述がある。恐らく旧虎姫町の三川村にある元三大師御生誕地である玉泉寺へのご参詣であろう。玉泉寺は信長の兵火で焼失したが、安永九年（一七八〇）直幸の代に井伊家が本堂を寄進したとある。片道二十キロ強だが、さて、徒歩か駕籠かあるいは船でのご参拝であったのか、その事は書かれていない。

翌十月十九日、木曽路を通って江戸へ行かれる愛麿様の御供を勤め、十一月二日到着した。愛麿様は勿論のこと、小膳も直弼公にお出会いするのは実に二年ぶりのことであった。直弼公にはその労をねぎらっていただき、小膳は金五百疋と直弼公直筆の御詠の軸を拝領する栄に浴

楽焼七種香合　井伊直弼作（安政６年〈1859〉直弼公より拝領）

したのである。その御歌は次の通りである。

百敷のうちにかかやく月影廼　あたし国まてくもらぬやなそ　直弼

直弼公の英断により国難を排し、行っている立派な政治が全国に広がり、理解されると良いのだがという崇高な温かい心が窺えるのである。

十一月十八日には御殿奥座敷でお茶席が催されたとあるが、『史料　井伊直弼の茶の湯（下）』にある東都水屋帳㉖がこの時の茶会記であろうか。正客は直弼公、愛磨様、（臼井）左門、（酒井）三郎兵衛、（側役）小膳、（小県）

清庵が同席している。記録には「鯉骨切　いり付子共」があり、これは江州で今もよく食する子まぶし鯉の刺身であろうか。恐らくこの席で前年小膳宅へ愛麿様がお越しになったことなどを、小膳は直弼公にお話しさせていただいていたのではないだろうか。

小膳は十一月の茶会後の二十四日、直弼公が自作された柳の香合を拝領した。この香合を焼かれた時には小膳もご一緒していた作品であり、何よりもうれしかったであろう。なお小膳はこれを含め直弼公自作の楽焼香合を七種拝領しているが、小膳の他四人の門弟も拝領したと聞く。翌二十五日には愛麿様より直弼公が書かれた「茶之湯亭主心得幷懐石次第」を借用し書写を始めた。

そして十二月二十三日の夜は小膳が亭主となり、江戸お屋敷四畳半の間で、直弼公、愛麿様、柏原与平衛、今村忠衛門、河村順碩が同席の茶会が催された。小膳は直弼公に拝領した洲鶴の茶杓を用いている。各会とも側役、取次、医師など奥向きの気の置けぬ内々の者達での茶会である（安万⑥）。

さて、歳が明け、安政七年を迎えた。小膳が残した史料には安政七年、最初に書かれているのが「三月三日急御用筋有之に付彦根表江今晩支度……」の事柄になるのである。

桜田門外の変

安政七年（一八六〇）三月三日（新暦三月二十四日）、江戸城で上巳節句の祝儀が行われるとのことで、午前九時頃直弼公は御供の徒士以下二十六人、足軽・草草履・駕籠かき・馬夫など総勢六十人の御供を従え外桜田の井伊家上屋敷を出て、江戸城へ向かった。この日は季節外れの雪に見舞われ、御供は雨合羽をまとい、刀には雪除けの柄袋を掛けて黙々と進んでいった。新雪のきしむ音が静かに伝わってくる。遠くには大名の登城を見物しているかのように浪人風の侍一団が待ち構えていた。

とその時、一人が訴状らしきものを手に「駕籠訴」の態でいたため、供頭と供目付が近づくや否や、男は白刃を抜き、斬りかかった。二人

井伊直弼像（部分）
明治20年（1887）、直憲公から小膳に下賜された

は柄袋の外すこともできず、斬り倒された。井伊の行列がパニックになったとき、銃声一発、他の一団が現れ、斬り込んできた。用意周到の水戸脱藩浪士達によるテロであった。ただ一人薩摩脱藩浪士である有村次左衛門は銃弾で腰を撃たれて動けなくなった直弼公を駕籠から引きずり出し、その首を斬り落とし、得意気に持ち去った（有村は追手に遭い、自害。直弼公の首はその後彦根藩で確保された）。

このテロ事件が「桜田門外の変」である。

彦根城博物館には「桜田事変絵巻」が残されている。作者は狩野芳崖と伝えられ、当時の多くの風説をまとめて描かれているとのことで、上巻は七場面、下巻は十場面で構成されている。

桜田門外の変の二ヶ月前、直弼公は自分の肖像画を描かせ、そこに和歌の一首を添えて菩提寺・清凉寺へ奉納した。この軸は他にも何本か作られ、何人かの側近にも贈られている。小膳もこの貴重な軸を直憲公より拝領した一人であり、それ以降今日まで大久保家代々で守り伝えている。

あふみの海磯うつ浪のいく度か　御世にこころをくたきぬるか那

死を決しての懸命の政治も、善意の伝わらない反体制グループ、テロリストはいつの世にもいた。

春浅み野中の清水氷《つらら》ゐて　底の心を汲む人ぞなき

そして桜田門外のテロ行為により直弼公が命を落とす一日前の和歌はその予感を自らも感じておられた感無量のものである。

咲きかけしたけき心の花ふさは　ちりてぞいとど香の匂ひぬる

小膳三月三日亥の刻（午後十時）江戸出立致ス

その時、小膳は上屋敷で事件を知り、さぞかし驚愕の極致であったろう。しかし『大久保小膳留記』には「急御用筋有」と記されているのみで、一切事件や直弼公のことは記されていない。以下原文を載せることとする。

同七庚申年三月三日急御用筋有之ニ付彦根表江今晩支度次第被指越候様被仰付、直様支度宜敷旨申出亥之刻江戸出立致ス　但シ雨天ニ付路片甚悪敷箱根大雪ニ付夜越成兼其上御関所而六時指止阿部川大水夜越留リ有之五時滞留荒井御関所夜越ニ相成六時指止有之ニ付八日未ノ上刻御用番仲野小三郎殿宅江到着致ス尚御用筋有之ニ付九日一日彦根ニ罷有十日朝立東海道八日程罷下リ十七日未ノ刻江戸表江着致ス　但往返供御目付高野瀬喜介同道

つまり、この未曾有の混乱の中、小膳は正使として、副使・喜介と小膳の家来である疋田常助を従え、早駕籠で三日夜に江戸を発ち、八日に彦根へ到着したのである。三人は駕籠の振動で胃腸や臓物が動かぬよう、腹に白木綿を強く巻き付け、恐らく、水以外はほとんど物も食わずに昼夜兼行の五日間であったろう。

この時、小膳の息子員臣《かずおみ》は七、八歳だったが、その日のことを記録している。

尾末町の邸より遠からざる松の下辺りで遊んでいると、「イカンヒョー、イカンヒョー」と雲助が声高らかに叫びながら、早駕籠三台程が通った。最後の早駕籠に疋田常助という大久保家の若党が手を振りつつ、佐和口に走った。父・小膳や若党は江戸に居るはずだがなと大変不思議で、過ちだろうと思った。

直弼亡き後の彦根藩

彦根藩士のなかでは水戸に仇討ちすべきだと血気をあげ、江戸へ出発する者もいた。藩領の世田谷や佐野の領民達も集まり、水戸襲撃を準備し始めた。

しかし、藩上層部は藩の存続を最優先とし、また幕府も彦根と水戸が戦いとなれば、両藩共幕府にとって重要な立場であり、共倒れは最もまずく、またこの機に乗じて反体制派にスキを与えてしまう。

そこでテロの後、直弼公は首を斬られ、既に死亡しているにも関わらず、まずは「直弼遭難」として届け出されたのである。すなわち「拙者儀捕押指揮致候処怪我致候ニ付、一ト先帰宅致候」（公用方秘録）である。そして三月十日、御歳十三歳の直憲（愛麿）様を直弼公の嗣子とする願いを幕府に出したのである。直弼公は改元となった万延元年（一八六〇）三月晦大老職を御免となり、閏三月三十日に喪が発表されたのである。そして四月二十八日、直憲公には遺領相続と京都守護が認められ、六月一日に直憲は江戸城の家茂将軍に拝謁「先代直弼の忠義心を継ぎ、今後も家来共に忠勤を尽くすよう」将軍から直々の激励を受けた。

この一大演出によって彦根藩、水戸藩はつぶされずに済み、幕府の体制もその場は一応無事であった。

八月に朝廷は「和宮の降嫁」勅許を幕府に内達し、公武融和等を求められている。九月には幕府は徳川慶恕、同慶喜、松平慶永も山内豊信らの謹慎を赦すこととなった。

桜田事変の責任を追及し、その遠因とも考えられる長野主膳や藩の家老、宇津木六之丞などの直弼公への情報上申が適格でなかったとの意見も出始め、藩の執行部は大変わりして藩重役の役替えや政治姿勢の変化も看取されてきた頃である。ちなみに文久二年（一八六二）八月二十七日に長野主膳は斬罪、十一月二十七日には宇津木六之丞も斬罪となっている。藩は岡本半介一派が実権を握り、水戸、薩長的思想の一部にも共感する姿勢を示し始める。

直弼公の御居間

さてこの頃の小膳はというと万延元年（一八六〇）三月二十三日御鷹御用向頭取兼帯を命ぜられ、銀十枚のご褒美をいただいている。また同年五月二十二日、江戸詰めとなった家老岡本半介よりの御達書にて直憲公が外出の折りは「御跡乗」をして介添えを勤めるよう仰せつかった。これはまだ直憲公が十三歳とお小さいこともあるが、水戸藩士に対する警備上の事も考えてのことであったろう。なお御跡乗は文久元年（一八六一）十二月直憲公が元服された時、お役御免となった。

世の中の情勢の変化とともに、彦根藩の方向性も刻々と変化してきた。しかし小膳の御役目はあくまで奥向き、特に藩主の日々のお暮らしに支障なきようひたすらお勤めすることが第一であった。

第六章　小膳、藩主直憲公への忠勤

将軍家茂公と皇女和宮様とのご婚儀

万延元年（一八六〇）十一月一日、幕府は皇女和宮様と将軍家茂公の婚姻が決定したこと公表、京都守護を命ぜられている彦根藩もそれから忙しくなる。幕府は彦根藩に乗輿前後の警衛、そして藩主直憲公には婚儀が滞りなく終えたことを天皇様に告げる祝儀の使者の役目を賜った。

さて同十一月十一日、小膳は直憲公御家督の内祝いとして、小袖と佐竹永海の松に鶴の画を賜った。さらに春以来の諸公務についても書面をもって褒められ、小袖を賜った。この日小膳は家老岡本半介のところへ、藩主の使いとして御家督御祝儀をお届けに行っている。明けて万延二年（一八六二）一月十一日、小膳四十一歳の時、鉄砲足軽組三十人を配下に与えられた。そしてこの年の三月からしばらく休暇をいただき彦根へ帰り、江戸へ戻ってきたのは九月だった。

改元になった文久元年（一八六一）和宮様は十月二十日、京都を出発して江戸へ向かわれ、十一月十五日無事江戸へご到着。文久二年二月十一日、将軍家茂公と和宮様の御婚儀が江戸城で盛大に挙行された。二月二十三日には天皇様へ家茂公と和宮様ご婚儀の報告のため、直憲公は京へご発駕、小膳も御供仕ったのである。

井伊直憲公（彦根城博物館蔵）

今回はいったん三月六日に彦根着城、二十一日までは彦根に滞在した後、三月二十三日、直憲公は天皇様に拝謁し、慶事を御報告、御礼申し上げる。「萬端御首尾能御勤附遊所に御巡見等之御供仕」と小膳の事集記には書かれている。「三度之御参内も御供仕」。そして四月四日、直憲公は京を出立、十九日に江戸へお戻りになった。

直憲公元服前の書。（安政４年12月小膳拝領）

直憲公が京におられる間、小膳は一時お暇をいただき、大病を患っている母親を見舞うことができた。四月二十七日、小膳は今回の上使のご褒美として紋付の袷を頂戴した。この年六月、直憲公は再び彦根へお戻りになり、それに小膳も御供した。

文久二年、激変の彦根藩

小膳の書き残した史料に

は文久二年（一八六二）六月に直憲公がご帰城された後以降、その年に関することはひとつも書かれていない。これは、敢えて記録を控えたのかもしれない。しかし、この文久二年の後半は彦根藩にとって大変な時であった。

島津久光の挙兵上京により、一橋慶喜を将軍後見役に、政治総裁職に松平春嶽の就任という人事改革がなされ、直弼公の時代に行った条約調印と安政の大獄を批判、その罪を彦根藩に負わせようというものであった。彦根藩では国学者・長野主膳と宇津木六之丞を斬首、家老の木俣清左衛門と庵原助右衛門を謹慎処分とした。しかしながら彦根藩は八月に京都守護を解任され、会津藩主松平容保に任じ、さらに十万石の返上を命ぜられたのである。

彦根藩ではこれまで実権を握っていた木俣清左衛門と庵原助右衛門に代わり、家老・岡本半介がその中心となった。彼は勤王派の梁川星巌の高弟であり、かつて安政の大獄の時、直弼公に大老辞職を迫ったとされる。そして脇を支えたのは家老の新野左馬助、そして隠居から家老に復した三浦内前であった。また外村省吾・北川徳之丞、渋谷龍太郎（谷鉄臣）河上吉太郎など下級藩士・足軽層から成る「至誠組」という有志者集団を結成した。彼らの目的は直弼公に対する非難の鉾先を変え、朝廷への工作や他藩に対する誤解の解消等を行い、直弼公の悪いイメージを払拭する藩政へと転換することであった。

彦根藩が挙兵上京するのではと外部から疑惑を持たれ、長州藩士の伊藤俊介（後の伊藤博文）や堀真五郎、土佐藩の谷干城《たてき》等が偵察に来たが、「至誠組」との意見や政治志向を語り合ったところ、意志が相通じあったとある。

文久三年（一八六三）二月、イギリスの軍艦が横浜に来て、前年の「生麦事件」の暴殺についで幕府へ厳重なる抗議と賠償を求めてきた。幕府より二月二十七日、彦根藩に急遽横浜より川崎辺りまでの海岸警衛を命ぜられ、二十九日より士卒が出動、警備についたのである。

文久三年、横浜から大坂警衛へ役替え

文久三年一月八日、直憲公は城に藩士を招集し、今後は家臣や領民をいつくしみ、文武の研鑽に励み、忠義を尽くし、井伊直政・直孝の事績に倣って汚名をそそぐことを誓った。そして、尊王攘夷の方針に従うことを表明したのである。

さて、『小膳留記』にこの年の行動が記されているので概略をまとめてみる。

文久三年二月二十一日、家茂公がご上洛されるため、直憲公は京へ御機嫌伺いに行くとのお話があり、三月六日直憲公の御供をした。これは三月四日、家茂公が将軍として二三〇年ぶりに上洛された時のことである。この時は騎乗での御供であり、組下の足軽も召し連れ、京の治安も不安定なので、一戦も覚悟の小膳であったと『事集記』に記されている。なお三月十一日には書面にて前年十二月二十八日の日付で御役料として五十俵の加増をいただくとのこと、小膳は身の引き締まる思いであった。

三月二十八日、直憲公は直弼公の罪を詫びるため官位の辞退を願い出たところ、四月十五日官職のみ受け入れ、位階はそのままとのことになった。四月十七日、小膳は直憲公より天皇様へご様子伺いに行きたいとの意を伺っている。直憲公は五月十一日武佐、十二日大津で泊まり、十三日京都河原町の御屋敷に到着後、天皇様の御機嫌伺いに参られた。

五月十五日、彦根藩はそれまでの横浜警衛から大坂警衛を命ぜられたため、直憲公は引き続き十八日に京から大坂へと向かわれた。この日小膳も御供する予定であったのだが、朝方から下痢が止まらなかったため、御供御免を許された。二十日には回復したため、夕方に京の御屋敷より高瀬舟で伏見へ、そこからは川船に乗った。翌日は下坂本の御本陣である西本願寺へご同行した。さらに六月になると今度は堺の警衛となり、十二日より御台場へのご見分に御供した。帰りは十五日大津より船で帰城した。

七月二日薩英戦争、八月十八日公武合体派のクーデターにより朝儀も一変、彦根藩は派兵の指示により、天誅組の鎮圧に貢献したのである。

十一月十五日家茂公のご上洛の先供を直憲公が仰せつかり、小膳はその側近としてお仕えした。

文久四年（一八六四）一月十四日、将軍・家茂公は天皇に拝謁のため、大坂から京都へ上洛する折り、直憲公は将軍の前駆をすることとなった。このため、家茂公は正月八日には大坂へ御着艦、大坂城へ入られた。その時も小膳は大手門より玉造口の御警衛に当たり、組下の者を召し連れて藩主の御馬先の側近にて警護し、直憲公が家茂公へ拝謁の時も小膳はご一緒に参上している。十五日、家茂公がいよいよ京都へ向かわれる時も直憲公の側近にて小膳組下の者を召し連れ、御馬跡御供をしている。

二十一日、家茂公入朝、天皇様に拝謁の折り、直憲公より太刀、馬を献上している。二十七日には再び家茂公入朝、直憲公も参内し、二月四日直憲公は天盃を賜った。二月二十日より元治と改元になったが、三月六日には先祖伝来の正宗の刀と琵琶（薄雲）を天皇様に献上した。これらの答礼として、天皇様は家茂公や直憲公を呼ばれて舞楽を鑑賞させていただいたのであるが、これらの行事にも小膳は側近として警護を行い、御所にまで御供をしている。

この年の四月十八日、直憲公は左近衛権中将に還任された。

しばらく京都に御滞在の家茂公は五月七日には大坂表へ御発輿、御駕の側近の警護を小膳組が勤め、十三日、十五日と直憲公が将軍への御機嫌伺い等に参上された時も御供。十六日には家茂公大坂より軍艦で御還府。港までの警衛を小膳組が勤めた。直憲公はしばし休暇を取るよう家茂公から特命を受け、ようやく十八日京都、十九日に大津より御小早舟にてご帰城され、小膳も同乗御供した。

禁門の変

元治元年（一八六四）六月一日、幕命により彦根藩は京都巡邏を命ぜられ、十日には伏見警衛となった。池田屋騒動もあり新選組が急遽編成されるなど警備が強化され、七月一日には直憲公も自ら兵とともに彦根を発ち、御早船で亥の刻前に大津着、二日は暑さのため、大津ご滞在の後、三日に洛東の要法寺の本陣にお着きになった。この年の暑さは殊の外であったと見え、小膳留記には東奉行所より暑さ対策のための薬を受け取ったと記されている。

小膳愛用の赤備具足

左は筆者の孫、大久保忠眞（平成20年撮影）

七月十九日、西の方で長州人による大砲の音が頻発するので近衛様御館辺りを厳重に護ることとなった。小膳は二十目玉や十目玉等の抱筒を兵士に持たせ万全を期した。この時直憲公のすぐ前でお守りしていた小膳は「敵玉君公前に来る時は君公前に両手を広げて敵玉来るを防ぐぞ」と大声で申し、楯となっていたとのことである。これはそのことを目撃していた兵士が記しており、さすが忠臣と感服したとのことである。

そして残党が鷹司邸辺りに集まっていたので大目付の指揮で、会津、島津の陣よりホンベン式大砲を打ち、長州を退散させた。これにより七条辺りまで火災が発生していた。

さて、この戦いが世にいう「禁門の変」である。八月十一日、直憲公は要法寺の本陣を出立し大津屋敷からは船に乗ったところ北風が強く、西湖岸経由で白鬚、大溝から沖の白石を経て松原川口より御花畑に着船、ご帰城された。

直憲公、東照宮御代参

元治二年(一八六五)、東照宮二百五十御神忌を将軍家茂公の代参として彦根藩主が勤めることを命ぜられた。三月十一日発駕、途中至るところで川止めになり、ようやく二十九日に江戸着、日光へは改元となった慶応元年(一八六五)四月十二日に出立した。四月二十日、直憲公は無事日光御参詣を済まされ、二十一日は佐野陣屋をお廻りになった。この時、江戸から千住までと、今市から神橋までは、鉄砲十五挺、足軽手代共三十人、手代二人を支配して小膳は騎馬で巡行したとある(小膳四十五歳)。日光代参での馬は貸馬であったとも記されている。

同年閏五月、将軍家茂公上洛にあたり、彦根城にお泊りになるとのことで、小膳は彦根藩の領地境まで将軍のお迎えに行った。

長州征伐にも御供

九月二日には長州征伐の中軍の御先鋒を彦根藩は分担していた。五日には御入洛して、天皇様に御挨拶のため参内、七日には木津願泉寺本陣へ到着していた。十五日には家茂公も御上洛、それより小膳隊も御警衛を重要なポストで行っていて、二十三日には家茂公が大坂へいらっしゃる折りも小膳はお近くで御警衛の御供の重責を果たしている。十月二十日には二条城守備を命ぜられ、十一月七日には、彦根藩以下三十一藩に長州征伐の出兵が命じられたのである。

十一月二十一日にはいよいよ長州征伐軍が出兵するにあたり、家茂公は大坂城大手前で全軍の責任者、高級武官たる御物頭以上母衣役に指物を持たせ、上覧所より閲兵された。小膳はこの列に直憲公のすぐ側で馬に乗り行進していた。

閲兵が済むとすぐに長州征伐軍は出発した。二十二日兵庫、二十三日大蔵谷、二十四日加古川、二十五日姫路、二十六日正条、二十七日有年、二十八日片上、二十九日藤井、晦日板倉、十二月朔日矢掛、二日神辺、三日尾道、四日本郷、五日西条四日市、六日海田市へ各々宿泊しつつ、彦根藩兵は進み、十二月七日芸州広島中嶋の紫雲山誓願寺御本陣へ無事到着した。

しかしながら慶応二年(一八六六)六月の大竹の戦いでは長州勢に大敗、広島に引き上げる結果となり、また七月に将軍家茂公が大坂で逝去したことも重なり、休戦命令が出て、九月六日直憲公は広島を退き、二十六日帰城した。小膳はこの間、ずっと御側で勤めていた。十二月二十八日四十六歳になっていた小膳は御座の間へ召し出されて、長州征伐等の折り、常に身辺に居て忠勤相励み御役儀滞りなく勤めたとのことで小膳の石高を五十石加増賜り、さらに御用部屋御黒印の御書も拝見できる名誉を賜ったのであった。小膳は感涙し、さらなる直憲公への忠誠、粉骨砕身を誓ったのである。

十二月五日、一橋慶喜が十五代将軍となり、水戸の力が一段と強くなっていった。また同月二十五日には孝明天皇様が崩御されたのであった。

直憲公の御決断

慶応三年（一八六七）一月九日に明治天皇が即位され、二十三日には「長州征伐休戦」の勅許が布告された。十月十四日将軍徳川慶喜は大政奉還上奏を朝廷に提出、徳川幕藩体制も終焉を迎え、薩長の下級武士達が主張する倒幕・天皇親政への大改革の歯車が回転し始めた。これまで、彦根藩は譜代大名として幕府の意向に従い、すべては直弼公の汚名を晴らすべくと歯を食いしばってきたが、ここが思案のしどころであった。

十一月二日、朝廷公辺より御召しがあり、直憲公は彦根を出立されたものの、発熱、頭痛等で八日まで大津蔵屋敷でご養生、その後ご上洛された。

十二月九日、王政復古のクーデターにより、新政府が置かれた。「大樹奉還政権朝政御一新」

の御達しが出た。王政復古の当日、直憲公は体調がすぐれず臥せっていた。しかし翌日は「十日同様の御様子に付御病気を押而御登城、小膳等御城へ罷出候」とある。

直憲公はその後も容態がすぐれず帰藩を願い出たこともあったが、そのまま京に残られた。彦根藩士の意見は分かれていたが、結果「死力ヲ尽シ、禁闕ヲ守護仕リ度」新政府に仕えることを伝えた。そして十二月二十六日、官軍となった彦根藩は四塚関門守衛を命ぜられた。

これより半月ほど前の十二月十二日には、公方様は二条城を出て大坂城へ退去しておられ、大坂城での抗戦を説きながら六日の夜には重臣と共に大坂湾停泊中の開陽丸にて江戸へ退却しているのである。慶喜将軍の敵前逃亡により徳川の時代もいよいよ滅亡へと向かうのである。

鳥羽・伏見の戦い

慶応四年(一八六八)正月(小膳四十八歳)、大坂辺りより不穏な連中が京都に集まり出し、「不容易様子」となってきたので、京の治安維持のため、特に御公家様方の門内外の警衛を強化しなければならず、彦根藩よりも都合千人の侍の協力要請が達せられた。

同正月三日、鳥羽・伏見の戦いの際、彦根藩は大津警衛を命ぜられた。さらに七日には桂御所旧地及び中山殿、藤波殿裏門警衛を命ぜられた。

十六日、直憲公は明治天皇に元服のお祝いとして、太刀と馬を献上した。翌日彦根藩に桑名征討の先鋒を命ぜられ、さらに二月六日には東山道の先鋒も命ぜられ、官軍にとっては薩長に次ぐ重要な軍事力として、新政府軍の中核となったのである。

小膳の史料には正月三日の件、そして軍労を賞されたことについて次のように記されている。

夜四ッ時過ぎ参与御役所より御達に曰く「井伊直憲随従之人数召連早々大津駅江出張尽力可有之御沙汰之事　正月三日」と乃ち即刻御供揃にて要法寺御出立、大津蔵屋舗江四日暁七ツ半頃御着被遊。

十三日「其藩、属官軍、賊軍襲来之砌、人数人数出張候段神妙ニ候、猶此上励忠勤ベク旨御沙汰候事」と御沙汰書あり御総督より酒樽被下。

なお、桑名出兵の命の際、彦根藩は四塚関門の守衛免除を願うとともに直憲公の病気養生のため、帰城を願い出た。双方とも許された。小膳も直憲公の御供をしたのであるが、この時は十八日大津を出立し、守山で小休み後、武佐で一泊、翌日は愛知川で小休み後、石畑からは中山道を外れ、川瀬、西今村で小休みされた。そして七ツ時、ご帰城された。

本書では小膳の幕末から維新の頃の多方面による活躍の概況の流れを記していきたいので、各戦乱の状況の詳述は他の機会に記すこととしたい。

さて、五月十四日は大雨により、琵琶湖は洪水となり、その水は尾末町にある小膳の屋敷にも浸水してきた。まずは佐和町の木具屋卯平宅へ避難したものの、さらに増水し、安澤喜八郎の借家を借りることになり十七日に引っ越し、二ヶ月後の七月十七日、ようやく尾末町の自宅に戻ることができた。なおこの大雨で智麿様や奥方様がお住まいの欅御殿も浸水、表御殿に引っ越されたとある。

戊辰戦争における彦根藩兵の活躍

戊辰戦争に関する記録や書物も多く、官軍の先鋒としての彦根藩兵の活躍も勇壮であったであろう。小膳の記録にも詳細に記されているが、本書は戦史だけではないので、戦の年表のみを記すことにし、ここでは彦根史談会の『彦根開府四百年記念出版　彦根藩最後の藩主・井伊直憲』から井伊直憲略年表より引用させていただく。なお、彦根史談会は昭和三十一年(一九五六)から『彦根郷土史研究』を発行し、彦根藩主や旧彦根藩のことを中心に語り伝えるグループであると聞いた。

慶応四年(一八六八)

二・六　御親征につき、東山道の先鋒を命ぜられる。
二・二二　朝命、御親征行幸の御留守中、京都を警護する。
三・一二　武蔵・板橋に陣する。
三・一四　五ヶ条の誓文発布。
四・三　下総・流山に向かう。近藤勇を捕らえる。

四・一一　幕府、江戸入城。
四・一六　下野、小山に戦う。
四・一九　宇都宮に戦う。
閏四・九　日光に陣する。
閏四・一九　小佐越に陣する
五・一　大谷川に戦う。
五・一五　幕府、上野に彰義隊討伐。
五・二三　甲府城を警護する。
七・四　陸奥・白川に陣する。
七・一六　浅川に戦う。
七・一七　江戸を東京とする詔書発布。
七・二三　二小隊を北越に出し、井伊直安軍（与板藩）を助ける。
七・二四　釜子に陣する。
七・二六　三春城に向かう。

八・七　甲府在陣兵を分け、越後国に転陣さす。
八・一九　二本松に戦う。
八・二四　入京する。
八・二七　参内、即位を賀す。
八・二九　東幸御留守中、京都の守備を命ぜられる。
九・一　彦根隊分けて若松城へ向かう。
九・五　船渡村に戦う。
九・七　彦根藩より更に兵を出してまた東征軍に参加せしむ。
九・八　明治と改元。

明治元年（一八六八）

九・一三　参内、天顔を拝する。
九・一四　若松城を攻める。
九・一八　参内、天顔を拝する。

九・一九　命により京都の守備を厳にする。
九・二〇　車駕御発輦につき直憲参内拝謁。
九・二七　新たに出陣した一隊は片腐田村に戦う。
十・一　東北在陣の兵士に毛布を賜う。
十・八　東征・北越出陣兵士へ凱旋休兵の命あり。
十・一三　江戸城を皇居とし、東京城と改称。
十・二三　彦根隊東京に凱旋する。
十・二六　召により凱旋兵士全員皇居に拝謁。

明治二年（一八六九）

二・五　版籍奉還を上表する。
三・七　車駕御発輦、直憲前駆。熱田、浜松、掛川、品川にて拝謁。
三・二五　箱根にて、兵員十五名の砲術を天覧に供する。
三・二八　東京遷都、天皇東京着。

三・二九　東京で直憲、天皇に拝謁する。
五・一八　戊辰戦争終結。
六・二　詔して、官軍に属したこと、東征の戦功を賞して二万石を賜う（二五万石となる）。
六・一二　参内し、拝謁する。
六・一三　供奉、前駆を免ぜられる。
六・一七　版籍奉還。免彦根藩主。藩知事、華族となる。
七・三　参朝し、拝謁する。
七・八　官位改正、従四位彦根藩知事となる。
七・一一　彦根へ帰る。

右の長期に亘る戊辰戦争の年表よりも明らかの如く、譜代筆頭の彦根藩が、鳥羽・伏見の戦いの一年前に官軍の強力な中枢となったのは、明治新政府、すなわちその中心は薩長の下級武士集団の倒幕運動により天下が大変革、交代する時期である。なぜ倒幕前に態度を変えたのかという謎を解かねばならない。

第七章　小膳、昌子様和宮様糟宮様のご婚儀等御役を勤める

小膳、昌子様の御用掛となる

第三章で、直弼公が彦根藩主となった後、家の格式を鑑みて譜代の名門、老中も出している丹波亀山藩の松平信豪の娘昌子様を正室に迎えられ、小膳が御用掛を勤めたことは略述したが、それはちょうど小膳が江戸詰めをしていた時のことである。この縁談は既に直弼公が直亮公の嗣子となった弘化三年（一八四六）、昌子様がまだ十二歳の時から進められていたが、ようやく六年後ご縁談がまとまったのである。

「嘉永五壬子年八月二十八日於江戸に昌姫様御入輿につき御婚礼御用掛被仰付」と『大久保章男伝』に記されている。これを機に小膳が奥向きとのパイプ役としての活躍が始まるのである。

和宮様ご婚儀ご報告の件

万延元年（一八六〇）三月の末、公武合体を目標において、長野主膳は小浜藩士、三浦七兵衛に、皇女和宮の降嫁斡旋に尽力するよう促す。八月十八日に至り朝廷は和宮様の降嫁の勅許を幕府に内達し公武融和を求めてくる。

文久元年（一八六一）八月二十五日、幕府は彦根藩等に和宮親子内親王様の江戸への乗輿前後の警衛を命じる。十月二十日、和宮内親王は京都を出発し江戸へ向かわれ、十一月十五日に無事に江戸へ到着しておられる。この時、小膳は江戸で殿様の最側近として和宮様江戸降家大行列に対し、万全の警衛指揮をしていたのである。直憲公はこの年の十二月にようやく元服の儀式を済ませられたところであった。

そして翌文久二年（一八六二）二月十一日、将軍家茂公と和宮様の婚儀により公武の共存、共

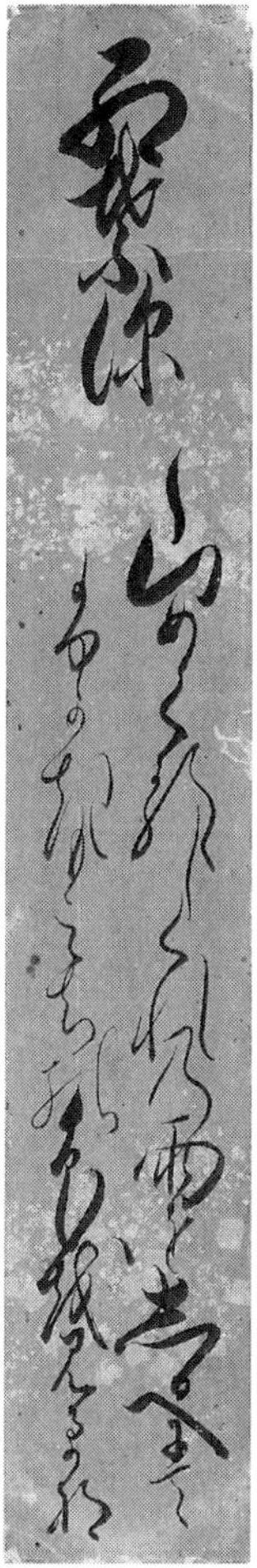

直弼公　正室昌子様筆短冊

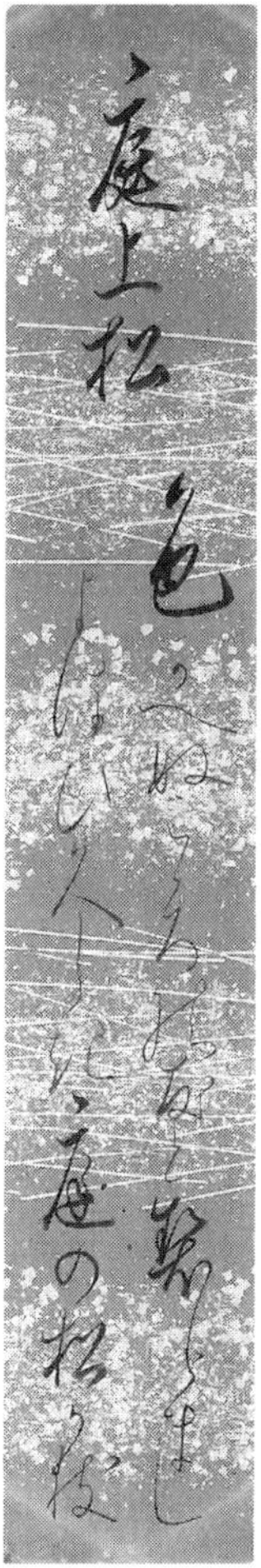

直弼公　次女弥千代様筆短冊

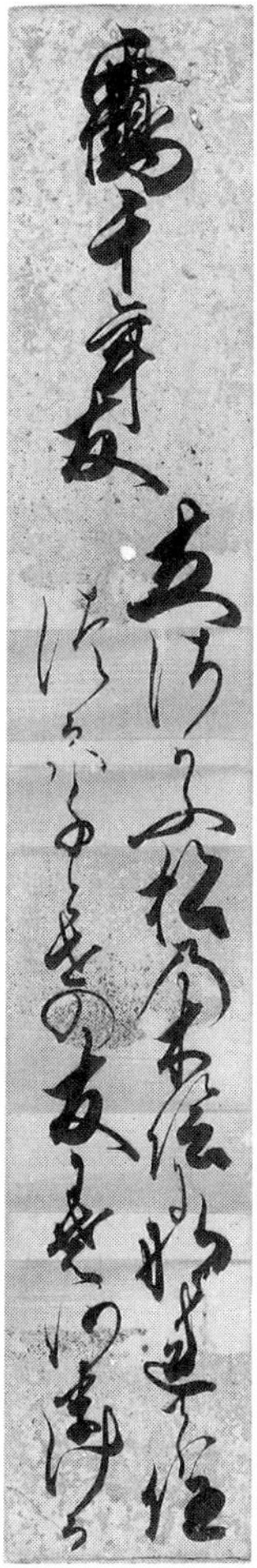

直憲公　正室宜子様筆短冊

（いずれも大久保家蔵）

栄が実現され公武合体が現実のものとなったのである。
『大久保章男伝』には次の事柄が書かれている。「文久二年二月二十三日御婚礼済に付江戸御発駕同三月二十三日京都へ御着万端御首尾能御勤被遊御供仕」。

直憲公は天皇様へ家茂様と和宮様の御婚儀の報告のため、江戸を発たれたのである。一旦彦根で逗留後、三月二十三日に上京、二十五日には井伊直憲公は幕府を代表し参内して成婚の恩に謝意を申し上げた。孝明天皇様も謁見され慶意を申され広貞の太刀を賜われた。直憲公は親王様、准后様にも謁見酒等、歌書、紗綾十巻を賜ったという。さらに直憲公を左近衛権中将従四位上への推任叙を勅許された。大変のお慶びであった。この大任の時も小膳も殿様と行動を共にして、宮中にも参内している。

小膳、精宮様御縁談御用掛を勤める

さて、彦根藩は官軍として慶応四年（一八六八）一月の鳥羽・伏見の戦い、戊辰戦争など京都の重大な折々の警衛の聴責を果たし、天皇様にも度々参内、拝謁するという重大な立場となっていたが、小膳は次の御役を命ぜられたのである。同じく『大久保章男伝』には次のように記されている。

「慶応四年（一八六八）五月二十三日直憲公縁談御内御用掛被命」

彦根藩主、直憲公の婚姻も重大関心事となっていったが、小膳は「直憲公縁談御内御用掛」を命ぜられた。九月に改元となった明治元年十月十七日には「糦宮様御縁談御用掛」となる。糦宮宜子《よしこ》様は明治新政府軍事の中核・官軍総大将である有栖川宮幟仁《たるひと》親王殿下の第三女であれる。こんな名誉のことはないが、天皇様や明治政府がいかに彦根藩を重視して協力者としての活躍を期待していたかが判る。

そして翌明治二年（一八六九）二月十九日、「御縁組御用掛被命」となり二十三日の糦宮様御入輿の時は玄関先までお出迎えもして、ご婚礼の式中も小膳はずっと着座して参列させていただき、お色直しも済んでからは親しく御目見させていただき、ご祝辞を申し上げたのであった。

この年の八月十三日、四十九歳になっていた小膳は御黒書院へ召し出され殿様の御前にて「上等家扶並に糦宮様御附兼帯」という重責を命ぜられている。その職務内容は「主公左右の保伝となり内家諸務を参画し糦宮君の伝を兼又其他勤直従前の如し」とあり、三十石加増で三百八十石となり、ほかに官俸三十三石を支給されることとなる。

小膳、糦宮様の御供で京都へ

糦宮様御附となった小膳は日々種々お世話申し上げること勿論であるが、毎日書かれている記録の中より明治三年春、小膳が糦宮様の御供で京都へ参られた時の記録を『事集記』の膨大な記述の中から一つ紹介してみる。

明治三年、お正月、小膳は糦宮様より御年玉包を賜った。三月節句の後に京都へ上京し実家である有栖川家を訪問したり京見物でもしましょうと申され、小膳に万事不都合無き様お願いしますと申された。糦宮様は小膳を奥方御居間に呼ばれ種々旅や京のことを話された後、大変でしょうが宜敷く頼みますよと「葵御紋付松葉色大縮羅御熨斗目」を御自ら贈られた。さらに御自室に戻られた後、糦宮様は更に「三ツ芳菊御紋付黒龍御小袖地一端と御肴料二百疋」まで小膳に下さり、京への旅を心待ちにし、その段取りをしてくれた小膳に期待されたのであられた。

三月十日には糟宮様は御実家の有栖川宮様御殿に御着きになられた。宮邸では御祝宴が早速に開かれ、久々に会われる糟宮様に宮様も喜ばれ労をねぎらわれた。

此の度の御旅行で糟宮様の御輿の前後で騎馬にてお守りしてきた小膳と安中半右衛門両名より、有栖川宮様に井伊家よりのおみやげとして宮様へ御太刀代金五百疋宛二品が献上された。また御身内の岸君様へは鯛代金五百疋、穂宮様、稠宮様へは鯛代各金三百疋宛、更に侍従の粟津正五位へは肴料金五百疋、他に十二名の従者達に多くの金品が贈られた。

糟宮様は久々の京都に大変お喜びになり、十七日には他の宮様と同道にて北野天満宮御参詣、御室で満開の桜を御覧になり、上嵯峨釈迦堂、渡月橋をお渡りになり法輪寺、天竜寺、中三秀院へ御参詣の後、御乗船にて鮎漁御覧になるなど京の都の景勝地をお巡りになりさぞ楽しく満足されたことであろう。小膳も宮様とご一緒にお供し、お守りしていたのである。

二十一日には宮様方と又観光に遊ばれた。黒谷本堂、永観堂、知恩院、八坂神社を参詣、圓山正阿弥で小休の後、再び圓山正阿弥に入られ酒宴の御席へ小膳も同席する。

二十二日は keep糟宮様江小膳と安中より御重詰を献上して、一品宮様《いっぽんのみや》（幟仁親王殿下、宜子様の父）へも差上げ御小座敷にて狂言と噺を拝見する。

二十四日、昼過ぎより御出輿、龍安寺、平野神社、金閣寺を見物される。御重詰、御酒、肴、御菓子御持参の観光であった。

二十五日、糟宮様、来る二十八日に京を発ち帰府に先立ち、一品宮様、二品宮様（幟仁親王―宜子様の兄）より小膳ら御目見えしお供は大義であると金千疋の金子に贈られる。その他の宮様方よりもお犒《ねぎら》いの金子を小膳は贈られ身のひきしまる思いであった。

有栖川宮幟仁親王殿下よりは「資父事君」の額を拝領する。他に御茶杓と御盃も下賜された。

二十七日は各宮様方も参加された宴会がなされ、糟宮様との別れを惜しまれた。

二十八日、糟宮様は有栖川宮御殿を御発ちになり帰路へ着かれた。

小膳は宮様御輿脇に騎馬にて御付添して、堂々と行列は進んで行った。

―帰路の立入先等は省略―

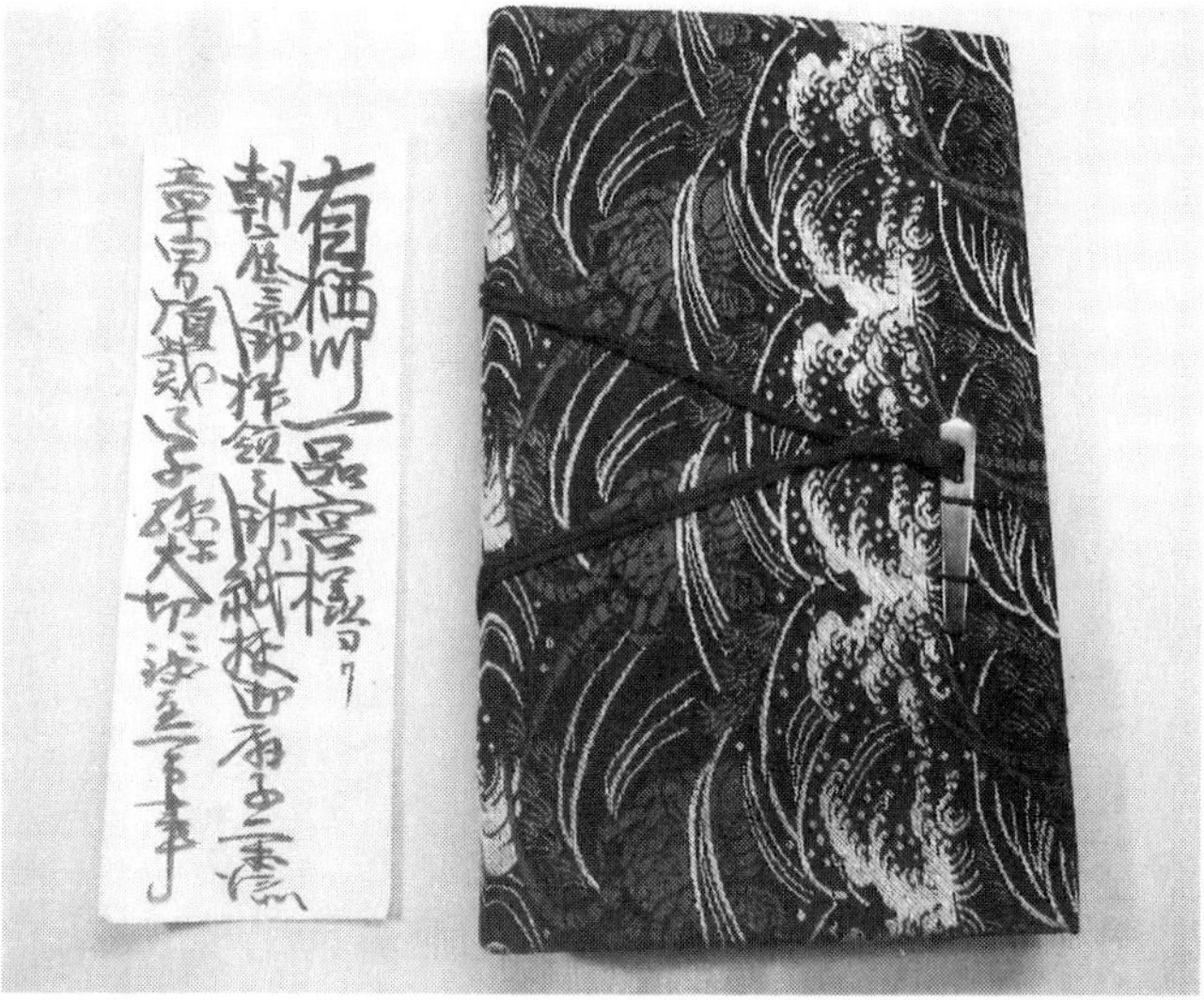

有栖川宮幟仁様より拝領した紙入

四月七日、糦宮様は無事に帰館された。

糦宮様も此の度の京都への旅、無事に終ったことへの小膳への感謝や贈物、また、殿様直憲公よりの御褒美や謝辞を賜ったことは申すまでもない。

―この他、小膳の事集記には糦宮様のこと、有栖川宮様との御連絡のことなど多く記録されているが今回は省略する。―

以上、述べてきた通り、小膳は直弼公の正室昌子様との御婚儀、徳川将軍家への皇女和宮様の御婚儀、それに、直憲公の有栖川宮幟仁親王殿下の御三女宜子様との御婚儀と、幕末・維新の大変な時期に最も重大な歴史的なおめでたい御婚儀にすべて重要な役で参列させていただいていたことは名誉なことであり、小膳の子孫としても慶ばしいことであった。

第八章　東京遷都・天皇の御行列に小膳も参加

禧宮様との御婚儀がめでたく終わってすぐの明治二年（一八六九）の二月十四日には直憲公は天皇様の御東幸の御供の前駆を命ぜられ、二十九日には京都へ行かれている。小膳はこの時もまた東京までの御道中御供御役割も仰せつかったのである。

三月七日、天皇様の大行列は車駕御発輦、小膳と大久保要両人は兵隊半大隊を召し連れて天皇様の御前駆として直憲公と共に出馬、日々三音御鼓（所謂ピィピィヒャラヒャラドンドンドン）にて馬上にて威風堂々と進軍して行く勇姿は子孫の筆者としても誉れを感ずるのである。

十三日、伊勢内外宮の御参拝があり、天皇様も歩行にて参詣された折りは直憲公も先行し、その折りも小膳も殿の側近にて参拝している。この時の御休息中に直憲公は天皇様に御慰みにと湖東焼の兎を献上したとある。天機御伺い御退出の折り、警衛ご苦労ということで御肴を頂戴している。

十五日、毎朝の通り五つ時、前三つ音太鼓、ピィヒャラドンドンドンで旅館より御出発の折りはまた御前駆御奉供し九つ前時桑名行在所にお着きになり、天機御伺い御休息なされた。

十六日、熱田にて直憲公はお召により天皇様に拝謁、玉座近くでお料理、天盃も賜り、三条右大臣実美、中山准大臣忠能よりもご苦労であるとのお言葉を賜り、彦根藩兵隊へも酒肴料として金五万匹を賜るご高配にあずかった。

十九日、新居駅より御船に乗られ舞坂駅に御着船、浜松宿の御在所へ無事御着、天竜川は六十三艘の船で渡る。二十日は掛川、二十一日は藤枝、二十二日は江尻、二十三日は吉原、二十四日は三島へと無事大行列は進んで行った。二十五日はいよいよ天下の剣箱根越である。朝廷よりすべての御供に握飯を頂戴し、また嶮路であるので駕十挺と人足をつけて下さり小膳と要の指揮官には各一挺ずつを与えて下さるなどのご高配を賜っている。この日直憲公は箱根において兵員十五名による砲術を天覧に供した。無事小田原着、二十六日は藤沢、二十七日は品川に着き、江戸城もいよいよ目前となった。御召により直憲公は拝謁を仰せつけられ、長途の供奉の労を慰めていただいた。

二十八日はいよいよ天皇様の江戸城へのご到着である。長旅のご苦労大行事もフィナーレである。小膳は日々の通り「御鎧直垂丸形御烏帽子眞之御太刀御短刀」の正装にて、半大隊を召し連れ、殿様の前駆で天皇様のお側の警衛体制にて堂々と進軍、四つ半時前(今の九時前)東京西域大手橋詰に到着、下馬して小膳指揮下の兵隊を引き連れ整列され、ささげつつの銃礼にて江戸城へお入りの天皇方重々の御入城をお迎えしたのである。御入城が済むとすぐに直憲公に付いて御玄関より御参朝、天皇様の御機嫌伺いに参上した。

小膳のこの度の天皇遷都の京都よりの長旅、整然とした大行列の指揮、警衛も「御側役御用人」として無事お勤めの労に対し、六月十五日には大役ご苦労であったと殿様より御直書を賜り、御褒詞御酒肴料下され、小膳も忠臣として心より誉れと喜ぶのであった。

六月十七日には御用があると天皇様に殿様も呼ばれ参朝すると「版籍奉還」を聞き召され、井伊直憲公を彦根藩知事に命ずると仰せられた。

六月二十一日には殿様は小膳を御用人も含めた「御側役御筆頭」に命ぜられた。

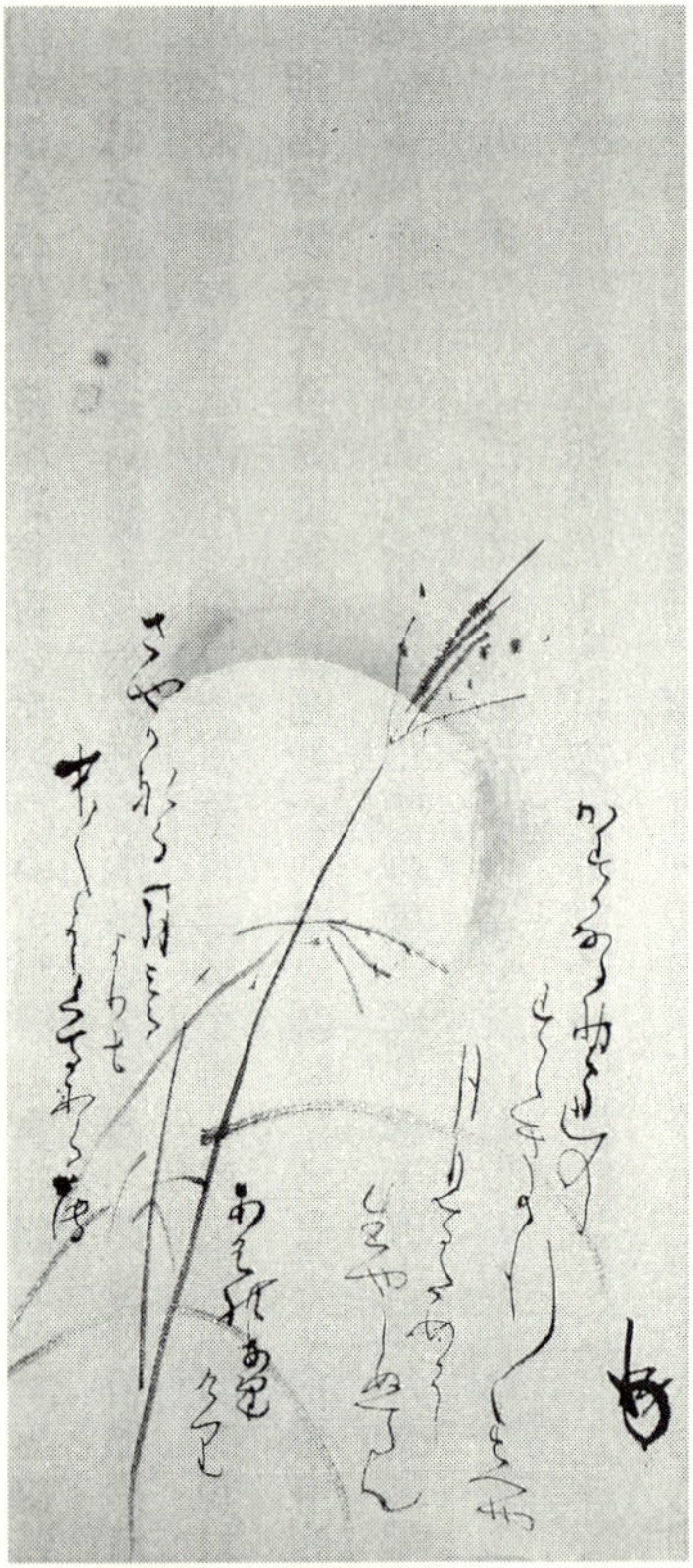

月に薄画賛　井伊直弼筆

直憲公より拝領

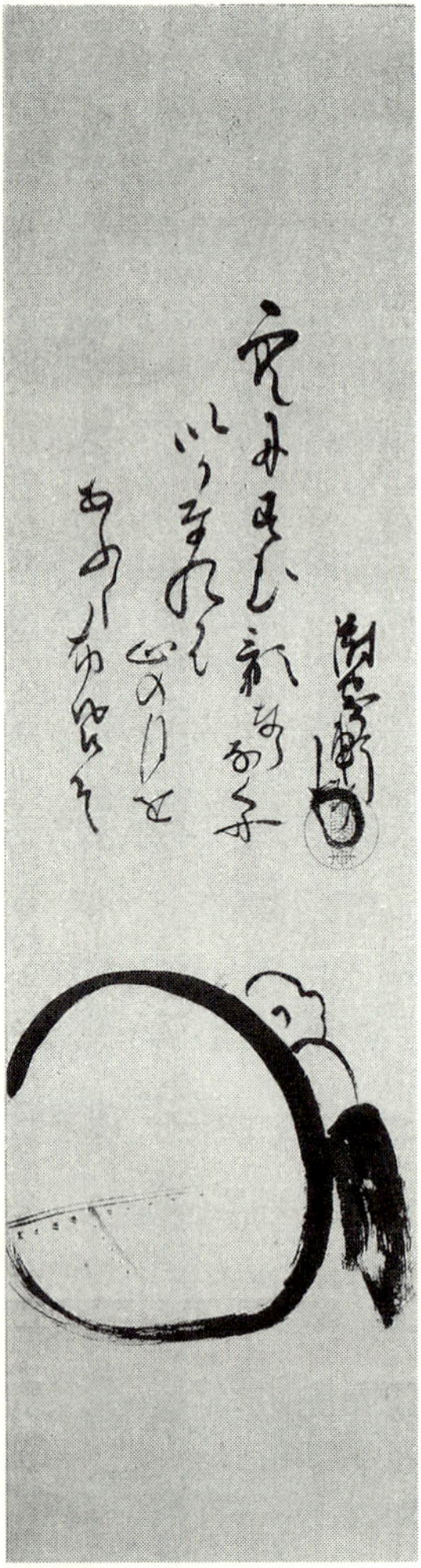

布袋画賛　井伊直弼筆

直弼公より拝領

第九章　明治新政府に井伊直憲公全面協力

小膳もその側近で活躍

　彦根藩は慶応三年（一八六七）十月に将軍・徳川慶喜が政府を朝廷に返上すると間もなく、徳川の四天王の一人とはいえ、元々天皇を守る京都守護の大任を果たしてきた藩であるし、藩内の指導部も家老以下大転換し天皇中心の国体を望む傾向が大となった。これは藩主や重臣達が彦根に近い京都に滞在することも多く、王政復古の政局の激変を肌で感ずる者も多かったであろうから、譜代藩の中でも最も早く新政府支持を表明し、十二月には早くも彦根藩は官軍となり朝廷のために尽力するという態度を表明し実行した。十二月九日には王政復古の大号令も出たのである。その後は、京都の守衛は勿論、鳥羽・伏見の戦いより戊辰戦争における活躍、慶応四年（一八六八）の討幕軍の江戸入城、明治二年（一八六九）の天皇の御東幸の御供前駆等を無事、活躍したことは前章で詳述した通りである。

明治四年（一八七一）七月十四日、廃藩置県により彦根県となり井伊直憲公は彦根県知事に任命されている。以降、明治十七年（一八八四）七月一日には伯爵に叙せられ、明治十八年七月十三日には勲三等に叙し、旭日中綬章を賜られている。明治二十三年（一八九〇）には貴族院議員に選出され、明治二十六年（一八九三）正月には正三位に叙せられ、明治三十年（一八九七）正月には勲二等旭日重光章を賜うた。さらに　明治三十二年（一八九九）正月には従二位に叙せられ、明治三十五年（一九〇二）正月には、特別に正二位に叙せられ、勲一等に叙し、瑞宝章を賜うなどの名誉な流れを見るにつけ、元々井伊家がいかに天皇に忠誠を尽し明治新政府以降の大変革に協力してきたかが明らかとなるのである。

この名誉な天皇様の御厚恩に対し旧彦根藩は井伊直憲公を筆頭に旧重臣達も忠誠を誓っていたのである。

小膳も『事集記』『小膳留記』『小膳伝』等の直筆の史料を見ると、あらゆる公的な場におい

国会議事堂錦絵（大久保家蔵）

て直憲公と行動を共にし、また、皇室との御連絡係や殿様に代わっての御参内等を詳述されている。
慶応元年（一八六五）七月二十一日の『小膳留記』にも「公武御合体之御時節ニ付万事御所置有之江公武共御大切ニ可被遊ハ勿論之　御家筋ニ而別段此度　御家格之通リ御先手被蒙仰候御時節ニ付一同厚相心得可申候、尤、公武可抱義は此度聊ニ而も誹論ヶ間致申喝候事兼而相慎罷在候」と、公武合体により藩と天皇両方に対し忠臣であるべきと早い時期より決意していたのである。

新政府は明治二年（一八六九）六月二日に版籍奉還より先に王政復古や戊辰戦争に官軍側で功績のあった人達に「賞典禄」を与えその協力には対価を与えた。彦根藩関係では井伊直憲公は二万石を与えられた。旧藩士らにも五十名ほどに賞典禄高人名が記された井伊家文書の中に、十五番目に大久保章男（員好）―小膳―旧家扶、家禄三十五石、旧禄高三百石→三百八十石へ加増と記されている。

前述の如く、彦根藩の指導部は大変致し、家老も岡本黄石に変わり、大東義徹や谷鉄臣など軍事功労者などもあるが、大久保小膳らは藩論を佐幕の方から勤王へ導き新政府に早くから協力した「功臣」として賞典禄を下賜されたのである。

岩倉具視から大久保利通に出した手紙の中にも彦根藩の「勤王之事」とあり、彦根藩が朝廷と新政府のための勤王藩のさきがけとなった親藩・大藩であり、これは他の藩にも多くの影響力を持つと評価している。

直憲公　欧米御留学

明治四年（一八七一）十月、新政府は「智を開き、才を磨くこと」の趣旨より、華族等の海外留学を奨励する勅諭を出した。

明治五年十月二十二日、直憲公は欧米に留学することとなった。欧米での記録は長文になるため今回は省略し、手元にある、大久保小膳の留記の中にある帰国報告書が大変まとまっているので次に掲げる。

従四位様（直憲公の事）十一月十五日手前九時横浜江御着後午後五時益御機謙能御着館御届左之通り　私儀

西洋各国奉願視察明治五壬申年十月二十四日横浜出帆同十一月十七日亜国サンフランシスコ着港同月二十二日同所発車十二月朔日ニウルク府ブロクリンニ着滞在中ワシントンボストンヱモ罷越本年三月二十二日同所発艦同三十一日英国リポホール江着四月一日ロンドン府江着八月十二日同所発途同日佛国ハリス（パリ）江着同二十三日同所発途夫ヨリ各都巡行

（朱書）ヘリショム　ヲランタ　ドイツ　ヲスタリ　イタリヤ　スビッランド

九月十五日は再ハリス江着同月二十六日同所発途同二十八日同所マルセールヨリ発艦昨十五日午前九時横浜着港同午後五時帰京仕此段御届仕候也

第八大区小三区

華族　井伊直憲

明治六年十一月十六日

東京府知事　大久保一翁殿

第十章　小膳、彦根藩公文書滅失を秘密裡に死守

安政七年＝万延元年（一八六〇）大老井伊直弼公の死去後、幕府内部の政変の結果、井伊家に対する迫害が起こった。領地の一部没収、十万石の削減などである。藩主が横死した場合、御家断絶の責任まで云々される勢いであった。藩の重役達はこれらの追及を免れるため、直弼執政中の藩の公文書や幕府の政治・外交、開港、鎖国、攘夷等に関する重要文書を焼棄し証拠をなくそうとして、大久保小膳と竜宝寺清人の二人に文書焼棄を命じたのである。

大久保小膳は直弼公の執政の文書を焼棄してしまえば後世、直弼公が行ってきた立派な業績を明らかにする証拠が失われ、遂にその偉大な功績は永久に埋没してしまう。その場のくだらない政争で直弼公の真価を失わせることはしのびないと強硬に主張した。竜宝寺は自己の保管

埋木舎遠景　二階建長屋の部屋に文書を隠していた

分（約二分の一）は全部焼棄してしまったが、大久保小膳は藩庁には他の不用の文書を燃やして公的には焼棄したと報告、実際は重要文書のすべてを極秘裏に自宅へ持ち帰り秘密の場所に隠し、万一発覚された場合は爆破し自らも殉死すべく火薬を密室の四隅に置いたのであった。

平成初めの埋木舎の全面解体修復の折り、二階建て長屋門の各階二室ずつある部屋の一階階段下に四面すべて壁の部屋の跡があり、これら秘密文書を隠し守った処も解明された。小膳は主君直弼公に忠であるばかりでなく史料が残ることで国の正しい歴史の評価にもまた忠であったのである。実に命がけの立派な行動であったといえよう。

明治十九年（一八八六）直弼公の二十七回忌の法要が

東京世田谷豪徳寺で挙行された折り、大久保小膳は世の中も落ち着いてきたので時機到来と、毎日新聞主筆・島田三郎氏にこの事実を打ち明けた。

島田氏は「よくぞ命がけで客観史料をお守り下さった」と絶賛し、幕末の政治事情も客観的に理解されることとなり、島田氏はこれらの史料により『開国始末』の名著を世に出された。単なる主観的な意図的薩長史観のみでなく、我が国をとりまく幕末国際情勢が急を告げる折り、国論の混乱する中で、開国を断行し、我が国難を救い戦争を回避し国際協調主義の実践をされた大老井伊直弼公の偉大さを国民が認識しうる史料保存に命を賭けた大久保小膳の忠誠心は、主君死去後約三十年で花開いたのである。

これらの史料は井伊家に返され、その後、井伊家史料として東大史料編纂所等により「維新史料」として三十冊近く公刊されてきたものである。尚、同時期の大久保家個人の史料も恐らく一万点前後は保存されており、これらが私の代になって公的保存も行われ、昭和六十年(一九八五)頃より東大近代日本法政史料センターで、また市立彦根城博物館では母利氏、高木氏の学芸員方が平成四年(一九九二)より八年まで毎年東京の筆者宅に来て史料の写真撮影をされ、六千点以上のマイクロフィルムを作成された。さらに彦根市史編纂室や駒澤大学の筆者の

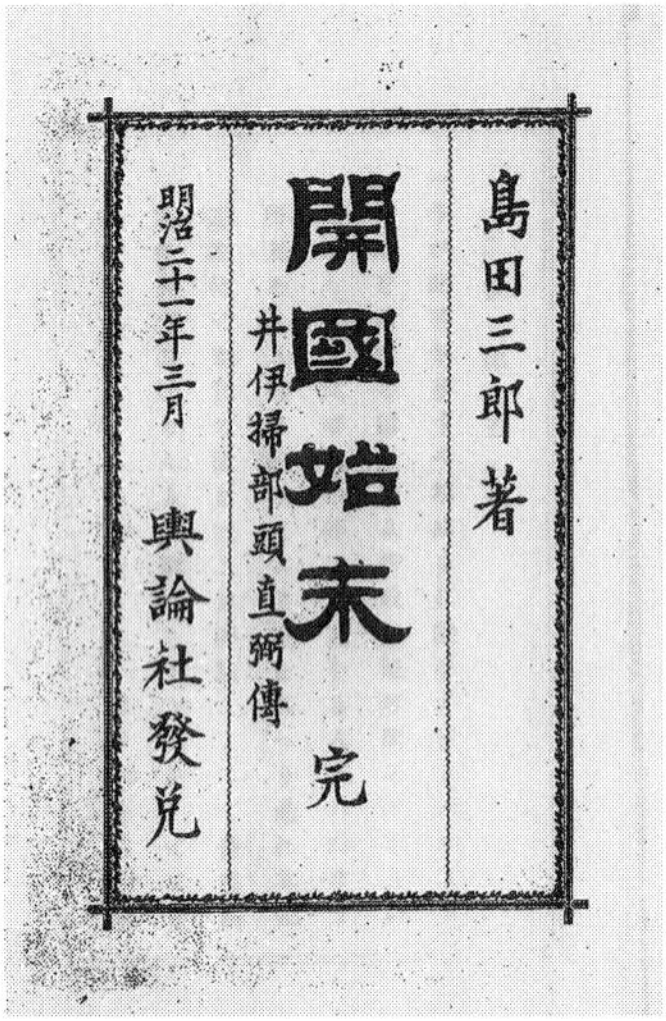
島田三郎 著
開國始末
井伊掃部頭直弼傳
完
明治二十一年三月
輿論社發兌

島田三郎著『開国始末記』

研究室等では専門家によって、彦根藩政史研究のための一級史料であると言われ、目下史料調査、整理、研究がなされ、マイクロ化や写真撮影が進行して、所蔵目録等が作成されつつある史料の分となるのである。

「大久保家所蔵文書」は古書、冊子、留記、役職関係記録、日記、文書、絵画、地図、経済生活の文書、それに直弼公はじめ井伊家歴代や藩政の重要人物、幕府や重要藩よりの書簡等入れると一万数千点に及び、今日までその相当部分は整理されてきた。

大久保小膳の幕末における命がけの彦根藩重要文書の保存の功績が島田三郎氏の名著『開国始末』の緒言、四頁より八頁に記されているので原資料として左に収録する。

井伊直弼櫻田の春雪と共に消えしより幾時ならずして事局大に變じ幕政を非難するの聲京師及び諸強藩の間に充滿せり而して其幕政を非難するの聲は轉じて井伊氏を追咎するの説となり幕府は彦藩の領地十万石を削りて以て京師に對する更政の一證となしたり此時に當り藩内の人心恟々冤を幕府に訴へ死を以て之れを争はんとする者ありしが藩老、直孝の遺訓を示して之を鎮め因りて事をなくして己むを得たり　―中略―　是より先き藩老幕譴《けん》（咎める、怒る）の到らんことを恐れ嘗て直弼の信任せる長野主膳宇津木六之丞二人を斬りて追罰の軽からんことを望むに至れり事情此の如くなりければ唯其冤を訴るの道なきのみならず直弼の執政間其手録の文書及親臣の記録を存するが為めに災害の闔《こう》（すべて）藩に及ばんことを恐れ一切焚燬して迹を没せんとの議に決し龍寶寺清人、大久保章男の二人此等の文書を執りて一炬に附せりと聞えぬ維新の後世態一變し井伊氏も亦勤王の功を以て賞を被りしと雖直弼の事に至ては世論之を尤めて萬口一辭皆擅權不臣の人と言いざるなし然るに歳月の移るに隨ひ時運の開くると共に世漸く其然らざるを想ふ者ありしが明治十九年三月の法會に際し生前反對の政論を執られし人々も亦詩歌を贈りて之を弔し新聞紙上其逸事を掲げて其志を説くも世間又之を非議する者なきに至りければ大久保章男は時機漸く到れりとなして彦根に赴き多年其家に秘し置ける文書を携へて再び東京に出たり是れ即ち先きに一炬に附せしと披露せし者にして直弼が公卿諸侯に往復せし文書長野宇津木島田名は龍章、左近といふ九條氏の臣にして長野と共に公武の間に周旋し後に暗殺せられたる者なり其他當時機密に干興せし人々の手翰数百通皆幕府の継嗣、海港の開鎖、京師水府の事情等を記せし者に係れり當時の眞相是によりて窺ふを得べし往年彦藩譴を被りて文書焚燬の議あるに際し龍寶寺は之を火にして主家の安全を計るに如かずと云い大久保は之を保存して故主の心事を後年に證すべしと云ひ議相協はざりしが大久保は固く保存説を主張して曰く時運既に變じて先公の本意地下に没しぬ然れ共他年今日の眞状を知りて先公の苦心を明にすべきは獨り此文書のみなるに一時の難に耐へずして匆卒之を火にせば何によりてか寃屈を他年に伸るを得ん僕竊に之を保存し藩廳には火中に投ぜりと復命せん万一事發露せんとせば罪を一身に引き文書を焚き其上に屠腹して辨解の辭に代へば以て主公を累はすに至らざるべし若し機縁他年に熟して之を公にするを得るの聖代に遭はば獨僕等の幸のみにあらず若し生前此幸機に會せずは子孫に囑して永く家に傳へんと龍寶寺も之を強ふる能はずして止みしかば大久保は常に文書と共に火薬を密藏して万一の變に備へしといふ此事は龍寶

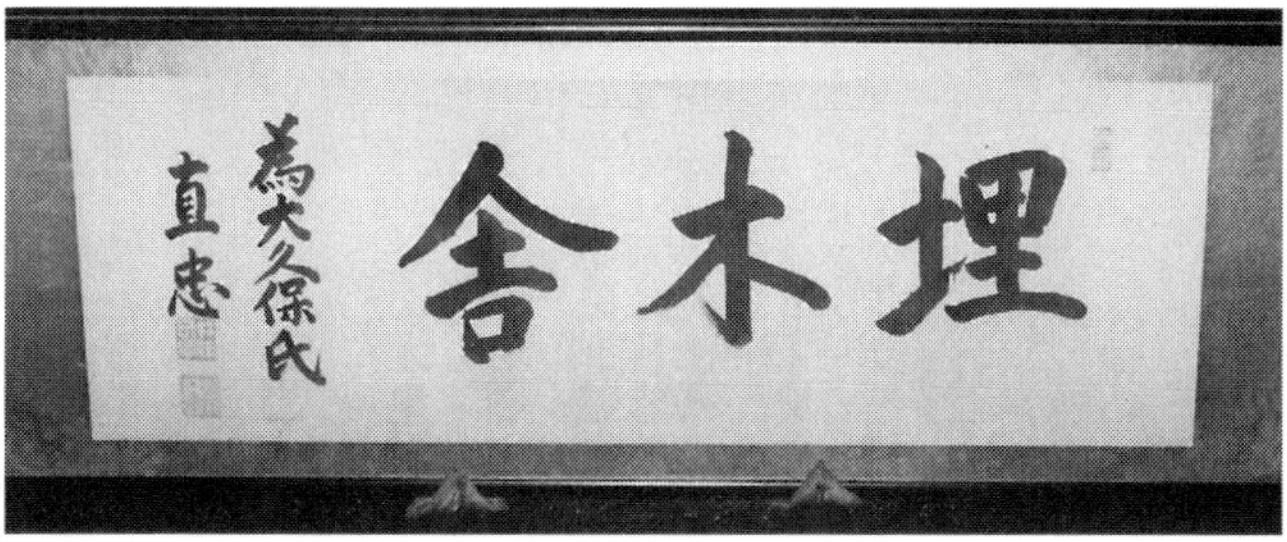

15代当主井伊直忠伯爵より賜った扁額

寺を除き闔藩一人も之を知る者なくして年を渉り其後龍寶寺は病死したるが大久保の宿望空からず明治十九年の昭代に遭ひければ生前同憂異説の故友を想起し事由を龍寶寺の墓前に告げ此文書を携へ出でて人に示すに至れり

ちなみに、小膳の孫、明文の留記によると、「大久保小膳が大老の秘書（当時の政治外交開港鎖国攘夷に関する）数千通を死を以って保存せし時使用した火薬（小みかん箱一杯程の分量）は大正五年夏、大久保家の出入の使用人、浜村半之助、出口八二郎を使用し、大久保員臣翁乗船に明文も同乗の下ニ埋木舎門前より舟に積み大洞内湖の中程に沈没せしむ」と記されている。小膳、員臣、明文の兄達と三代に亘って直弼公の真実を伝える文書を死守した。

平成二十六年（二〇一四）三月刊行の彦根城博物館編集の『井伊直弼のこころ　―百五十年目の真実―』の中に（八十五頁～八十八

頁）「直弼の顕彰」という項目があるが、その文中で「直弼史料の収集と伝記刊行」の処で、次のように記述されている。

直弼の側役で、明治時代には井伊家の家政職員を勤めた大久保章男（小膳の別名）は直弼の大老政治を直接伝える史料を密かに保存していました。直弼の事績が歪曲されて流布されることに対抗するためには、良質な史料を根拠とする必要があると感じたからです。これらの史料は、その後井伊家で保管され、直弼研究の中核史料として活用されました。現在は重要文化財「彦根藩井伊家文書」に所収されています。

大久保小膳の命を懸けての直弼公の立派な政治決断や彦根藩の客観的活躍の証拠史料が奇蹟的に残っていることは、まさに小膳の絶大な功績であったと賞賛されることであろう。

大久保章男（小膳）明治４年、51歳

第十一章　小膳、明治四年に「埋木舎」を賜わる

前述したところと一部ダブりがあるが、あえて「埋木舎」についてこの章で今一度まとめて詳述することとする。

井伊直弼公は文化十二年（一八一五）十一代藩主井伊直中の十四男として槻御殿で誕生されたが、五歳で母を、十七歳で父を失ったので藩の掟に従い、三百俵の捨扶持で彦根城佐和口御門前の公館（宝暦九年〈一八一五〉以前に建築された松の下の北のお屋敷）に三十二歳まで（天保二年〈一八三一〉より弘化三年〈一八四六〉）の十五年間を弟直恭と共に暮らすこととなる。

「世の中をよそに見つつも埋れ木の埋もれておらむ心なき身は」と直弼公は心境を和歌に託して、この公館を「埋木舎」と号した。

埋木舎大門と玄関

直弼公には「茶、歌、ポン（謡曲の鼓の音）」とのあだ名があった如く、茶道、和歌、謡曲、鼓は達人の域に達しており、また、国学、書、絵画、禅、湖東焼、楽焼などの他、さらに、武術、馬術、柔術、弓術など文武両道の修業を一日四時間眠るだけで足ると埋木舎で励んでいたのである。「埋れ木」と名付けた心は厭世の気持ちからではなく、世の中の雑事から離れて自分の目標とした道をしっかり修業していこう、「なすべき業」を守っていこうという気持ちを表わしているものであるといわれている。特に茶道の修練は一派をも創設した深いものであった。埋木舎の茶室「澍露軒」において『茶湯一会集』を記し、『入門記』『栂尾《とがのお》みちふみ』『閑夜茶話』『茶道の政道の助となるべきを論《あげつら》へる文』『をりをり草』などの著作を多く書き、直弼公の深い茶の湯の心の醸成は埋木舎時代の昇華であった。「一期一会」「独座観念」「余情残心」「和敬静寂」の極意を大成し、茶名を「宗観」とも「無根水」とも号した。埋木舎の庭中の柳の風に逆らわぬを範として「柳王舎《やぎわのや》」「緑舎」ともいった。

直弼公の一生の親友、国学者・長野主膳と三晩、人生論を語り合ったのも埋木舎であった。埋木舎の奥池には楽焼の作業場や弓道の練習場の跡もある。庭には柳王観音堂もあり、信仰も篤かった。さらに、安産祈願の祠も残っている。

ここで「埋木舎」の建物や各室について概観してみよう。

埋木舎は天守閣も遠望できる多聞櫓前の中堀の外周に沿い、いろは松の城中へ入るメイン道路より少し入った所にある。

屋敷は江戸期の記録によれば、間口約三十六間《けん》、奥行十九間半で約七百坪あったとされる。いかめしい長屋門を入ると玄関の前に左右に白壁の内塀、くぐり戸のある囲いの中に砂利の小前庭があり、井戸も二ヶ所ある。

左のくぐり戸を通ると主屋や庭の方に続き、右のくぐり戸を通ると長屋や勝手口に入れる。四畳敷の玄関の正面には四枚の板戸がいかめしい。左右には斜めの廊下があり、奥の部屋に通ずる。玄関右奥には若党部屋が二室ある。

主屋は東西にのびる長い棟を軸としてその奥に南棟がT字型にのび、さらにそれに平行して台所・水屋の棟が並列する。

主屋は間口四間、奥行十一間半で屋根は前面を切妻、後面は一部寄棟になっている。

玄関から左に連なる部屋は来客応接のための「表座敷」である。「表書院」ともいい、主室八畳に床の間がある。次の間も八畳で、二部屋通しに畳廊下四間が付く。

表座敷から奥座敷へ通ずる角に有名な茶室「澍露軒」がある。茶室は四畳半台目、一畳半の水屋をしつらえてある。

表座敷からは襖一本引、奥座敷の方からは開きの木張り戸で茶室に入るようになっていて二方から入口があるため「にじり口」は無い。もともと茶室は無く、廊下の角にあたるところを広げて直弼公が茶室に改造したのであろうから大変質素な茶室である。

「澍露軒」と名付けられたのは法華経の「甘露の法雨を澍《そそぎ》て、煩悩の焔を滅除す」の一文から

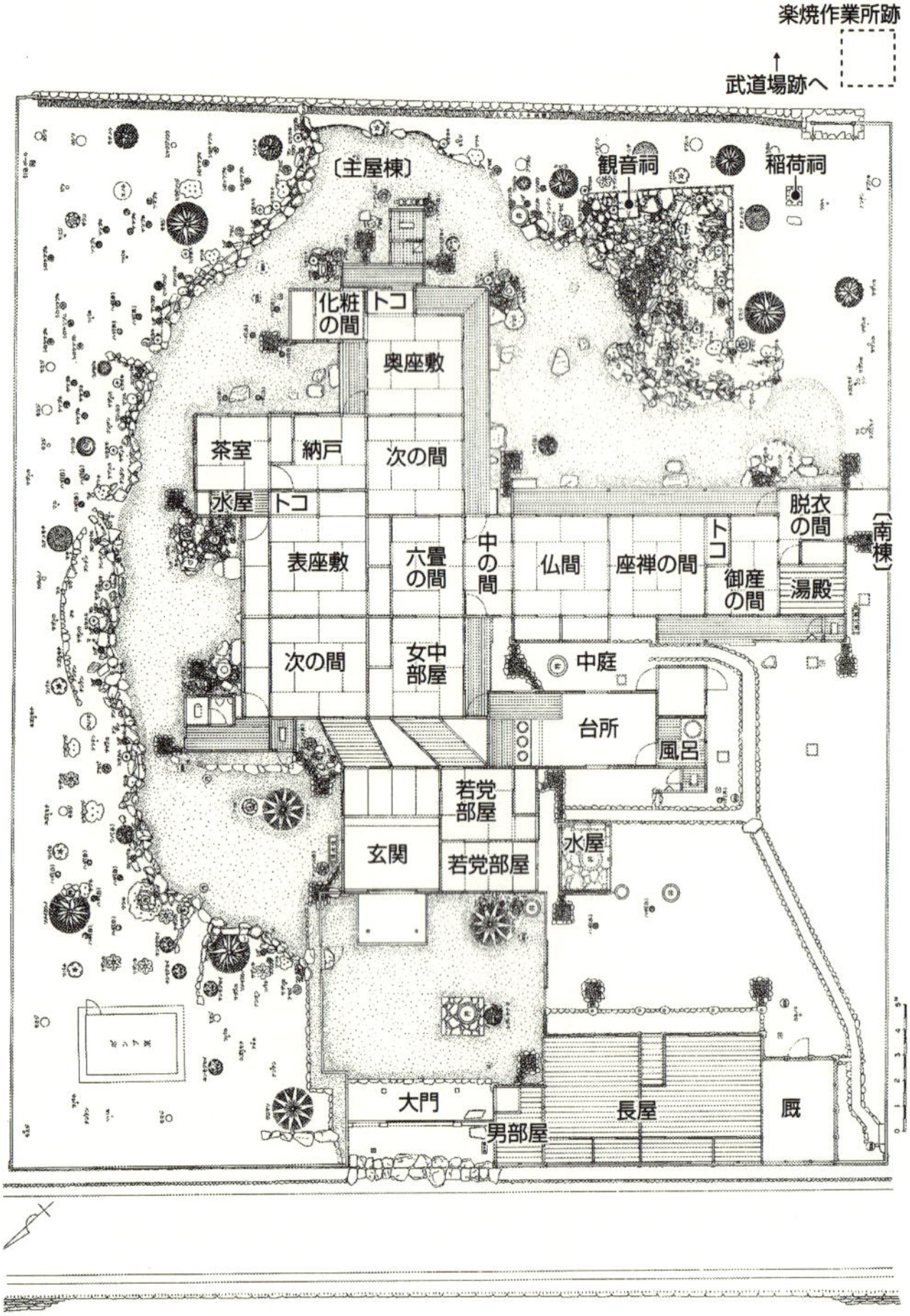
楽焼作業所跡
武道場跡へ
〔主屋棟〕
観音祠
稲荷祠
化粧の間
トコ
奥座敷
茶室
納戸
次の間
水屋
トコ
表座敷
六畳の間
中の間
仏間
座禅の間
トコ
御産の間
脱衣の間
湯殿
〔南棟〕
次の間
女中部屋
中庭
台所
風呂
若党部屋
玄関
若党部屋
水屋
大門
男部屋
長屋
厩

埋木舎修復後平面図

埋木舎の茶室『澍露軒』

とったものである。

この質素な茶室で直弼公は『茶湯一会集』や他の茶書を書き「一期一会」「余情残心」「独座観念」の深淵なる茶の湯の本質、深き心を醸成したのかと思うと感慨深くなる。

茶室を外側にぐるりとめぐると「奥座敷」に続く。直弼公が日常居室として勉学等した部屋である。「御居間」ともいう。主室は八畳に床の間一間の質素な部屋で、次の間も八畳である。この上下の二間と茶室との間に五畳の納戸がある。納戸と奥座敷の裏側には内廊下があり、奥の化粧の間や厠へと通ずる。廊下の前は中庭に面し、直弼公の愛した萩の花が美しく咲き競うところである。

御居間の前庭も表座敷前に比べると立派に造られており、庭の景観も広く、枯山水風の風情もあり、花も咲く木々も多く、座敷より三方に庭も眺められ、明るく、日当たりもよい快適な部屋であり、直弼公の十五年間最も多く生活、勉学した空間であった。

主棟からT字型に南西にのびている南棟には四畳の「中の間」、八畳の「仏間」、八畳の「座禅の間」、次に五畳の「御産の間」が並ぶ。

これらの部屋の前には板張りの廊下が続き、その奥に「脱衣の間」と「湯殿」が続く。

ちなみに、直弼公は曹洞宗「清涼寺」へ参禅し、仙英禅師より「袈裟血脈」さえも授与され、埋木舎での禅の修行も熱心で、禅の精神は茶の湯は勿論、武術や人生の価値観にも影響したと思われる。

また「御産の間」では弘化三年（一八四六）正月十六日、直弼公と側室・志津との間に「弥千代姫」が生まれた。後に高松藩世子、松平頼聰の正室となった方である。

尚、直弼公は御産の間の正面の庭には「安産の神」を祀る小さな「稲荷祠」も祀っている心優しい人でもあった。

この他、台所、水屋、女中部屋などがあり別棟、長屋門の一階には二室に壁で分かれ、階上

庭側から見た表座敷

は広い一室続きで、住み込みの侍等が住んでいた。隣接して厩《うまや》がある。

埋木舎には邸内に井戸が六ヶ所もある。また御居間の前の庭の小山の上には直弼公が信仰されていた小さな観音堂がある。また、裏庭には、武道場・弓道場跡、楽焼作業所跡もあり、直弼公の文武両道の修練の広さを裏付けている。

尾末町屋敷（埋木舎の命名前の藩公館）には直弼公が移り住むまでは文化十一年（一八一四）頃から直弼公の叔父直容《なおなり》、直致《なおむね》らが住んでいた。

天保二年（一八三一）三月、直致が四十四歳で死去、直容も家族が増えたため、他へ屋敷替えとなり、直弼公らが入居したのであった。

直弼公が藩主の嗣子となって埋木舎を出た以降は側室の里和が住んでいた。その後、井伊直憲公の弟・井伊智二郎の一家族と近衛公爵の令夫人の御母堂で毛利子爵の令夫人であった政子の方も住まわれていた。井伊智二郎方が旧槻御殿へ移られたのを機に、明治四年(一八七一)七月晦日に埋木舎は種々の功績に対して、直憲藩主より永久保存し、直弼公の遺徳を偲ぶ縁《よすが》とするよう大久保家子々孫々で守るようにとの願いをこめて、大久保小膳へ藩庁の公文書を通じて渡されたのであった。それより大久保家子孫が代々所有し、約百五十年近く、度々の危機を乗り越えて埋木舎を守り、文化人・直弼公の遺徳も顕彰しつつ、筆者で五代目になる。

大久保小膳の家族は直弼公が十五年間も居住され文武両道を修業された由緒ある埋木舎を拝領し、子々孫々にこれを守るべく直憲公の願いに沿うよう決意して八月十五日に埋木舎に引っ越してきた。感慨無量のものがあったにちがいない。ちなみに、従来の大久保家屋敷は藩の営膳掛りに引き渡して来た。また、埋木舎の敷地は古くは大久保家の屋敷だった時もあったが、その後彦根藩公館にもなったのである。以降、埋木舎は小膳の息子員臣の家族が住み、さらに、当主は員臣の長男・章彦、次男・定武(いずれも結婚していない)、さらに三男・明文の実子で定

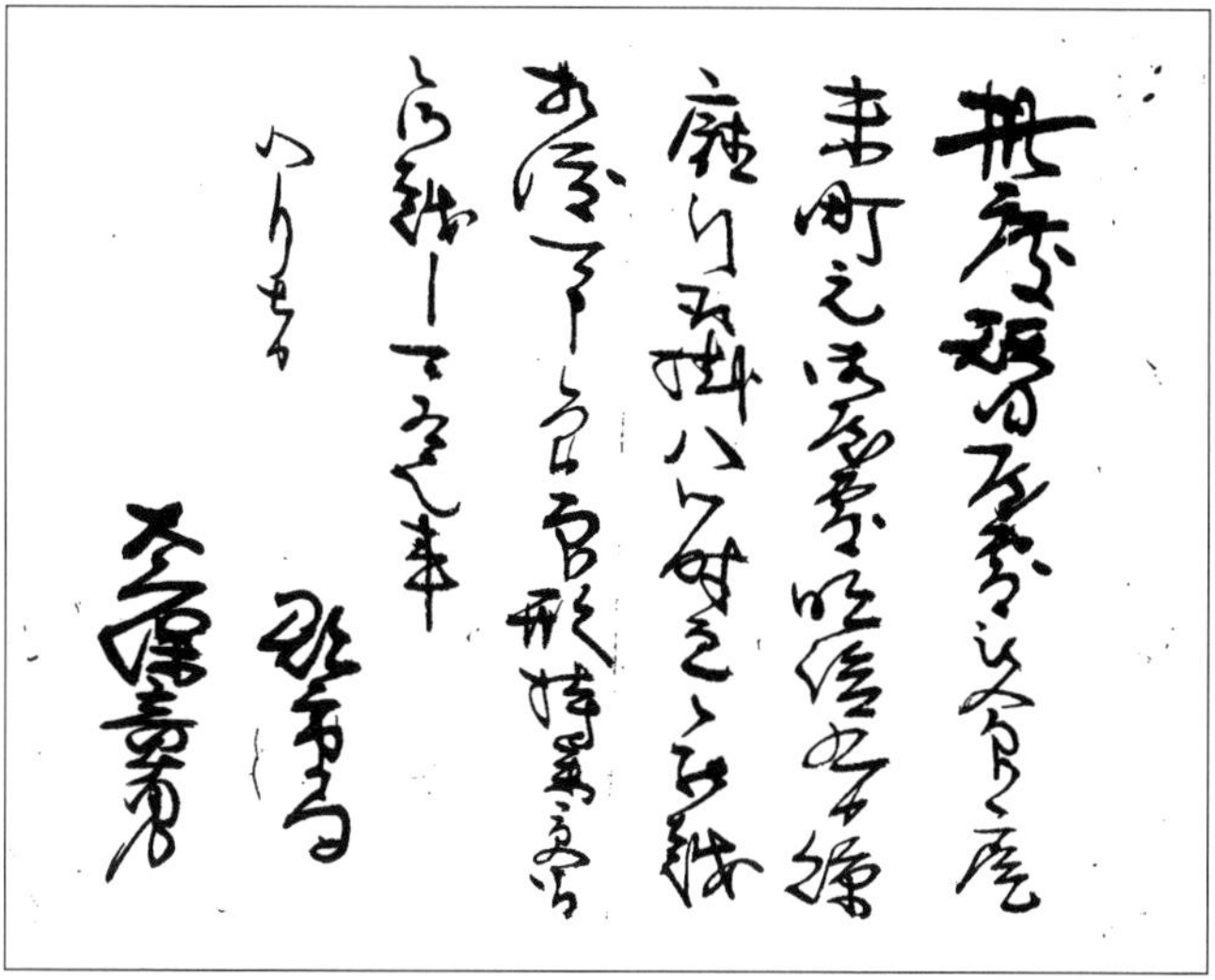

「替屋敷」を指示した公文書

武の養子になった治男（筆者）が昭和五十四年（一九七九）年二月十五日相続により継承して今日に至っている。

明治四年、埋木舎と大久保邸との交換「替屋敷」について役所よりの公文書は次の通りであった。これは、井伊家より無償贈与されたものではなかった。

此度替屋敷被命候尾末町之御屋敷明
後九日県庁引取掛八ツ時過罷越相渡可
申候間印形持参受取ニ御越し可有之事
八月七日　　郡市
大久保章男（小膳、明治になり改名）

明治四年七月晦日に藩庁より掲示があり八月七日に通知が出され、八月九日に引取の印形を押して、八月十五日に埋木舎に引っ越してきたのである。

※「埋木舎」についての詳述は、私の書いた『埋木舎と井伊直弼』（サンライズ出版）も御覧いただければ幸いである。

明治八年（一八七五）滋賀県でも招魂社建設の計画が持ち上がり、その敷地を尾末町に建設することが確定した。招魂社とは明治維新前後から主として戊辰戦争以降新政府・国家のために殉難した人の霊を祀る神社で、昭和十四年（一九三九）より護国神社と改称された。ちなみに、長州藩は江戸時代より領内各郡に招魂社を一ヶ所ずつ設けていたといい、伝統的神道とは異なるものといわれている。

神社創設委員長・大東義徹は「国家のために殉死した者を祀る社の神域として埋木舎の全部の敷地を提供するように」と、大久保家に強硬に要求してきた。

小膳は、「埋木舎は開国の英雄・井伊直弼公が青年時代を過ごし、茶の湯・和歌・禅・謡曲等文化人的修業をされた唯一の記念すべき史跡であるから断じて差し出すわけにはいかない。直憲公からも大久保家で子々孫々これを守り、直弼公の遺徳を偲ぶようにと拝領したものであるからなおさらである」と断ったが、大東らは「東京か京都に立派な家を提供するから何とか出てくれないか。彦根なら八景亭全部を大久保家へ与えてもよい」などと利益誘導をさかんに行ったが、小膳は井伊直弼公の遺跡・埋木舎を経済的利益は度外視して守ったのであった。

しかし、埋木舎の西南の地、すなわち、いろは松寄りの土地については、埋木舎の保護地として大久保家が後に買い求めた土地であったので、直弼公当時の埋木舎には直接関係ないとして、石橋のあった辺りまで、招魂社の堀側の約半分の広さに当たる土地は寄付した(現在は杉林となっている社殿の裏の方)。

尚、当初の招魂社の神主は小膳の弟・大久保章次であった。兄弟で「埋木舎」保存で、直弼公の遺徳を偲びつつも、新しい国家プロジェクトである「招魂社」創設にも力を合わせたことは特筆されるべきであろう。

小膳はこの他にも、明治維新以後買い求め所有していた土地を現在の裁判所や滋賀県立彦根東高校の設立時に相当部分を寄付しているが、今日これらの貢献を記憶している人は、はたしているであろうか。いずれにしても、廃藩置県後の彦根にとって小膳の素晴らしい活躍ぶりは武士が消えた時代の「ラストサムライ」の一人だったことはまちがいない。

招魂社創設にともない埋木舎の敷地はかなり狭くはなったが、井伊直弼公の遺跡の建物や大部分の土地が保存され今日まで残っていることは小膳の何よりの功績といえるであろう。

明治二十九年（一八九六）、琵琶湖一帯は水害によって各地で洪水となった。湖からきた水は堀をあふれさせ、尾末町一帯の住宅は床上まで浸水して住居を破壊し、使いものにならなくした。水害の後、尾末町の多くの家は壊して新築されたが、小膳は多大の経費を自弁して埋木舎を修繕し、旧態のまま保存した。直弼公の遺徳を必死で守るためであった。

第十二章　小膳、彦根城天守閣保存を土下座で請願

関ヶ原の戦いと佐和山攻撃で戦功のあった井伊直政は、徳川家康から佐和山城主十八万石に封ぜられ、西国三十六ヶ国の監視、天皇の居られる京都の警衛とまさに幕府のキーストーン彦根に城を築くこととなる。

築城工事は慶長八年（一六〇三）から元和八年（一六二二）まで約二十年の歳月を要し、幕府が七ヶ国十二の大名に賦課して築城した「天下普請」であった。幕末まで、藩主の変更も無く、一度の戦さも無く、天下の名城としてその美しい勇姿を琵琶湖を背景に聳えていたのである。

明治維新政府は旧幕臣達の軍事的反乱を恐れ、その拠点となれば一大事と全国の城郭を破壊し始める。明治四年（一八七一）廃藩の際、彦根城も陸軍省の所轄となり、同十一年（一八七八）頃より

大久保小膳肖像画
直弼公の御子息・直安公がフランスより帰国後の明治12年（1879）1月、東京・向柳原の御邸にて描かれた油絵。キャンバス裏にIi Naoyasuとサインがある。

城郭櫓等すべてを破壊することとなり、その作業に着手し始めた。明治政府の中には徳川幕府四天王といわれた井伊家の彦根城には敵意をあらわにする者もいて、華麗な城郭は取り壊され始めた。明治十一年（一八七一）には天守もわずか八百円で売却され足場がかけられ解体作業が始まろうとしていた。

大久保小膳はこの危機的状況に概嘆し、何とか天守だけでも彦根のシンボルとして残さねばならないと決意して即刻、体を張って実行したのである。

東京小石川の高台にある土方《ひじかた》久元卿の邸宅の門前で、毎朝馬車で役所へ出勤される時を狙って門前の道路で土下座平伏し、「内務卿様、琵琶湖に映る美しい彦根城、一回の戦さもしていない平和な城、彦根城。維新の時も官軍として新政府に協力した彦根藩の城、京都の天子様をお守りし、一大事の時は天子様を彦根城でお守りする役目のあった大切なお城（実は京都より比

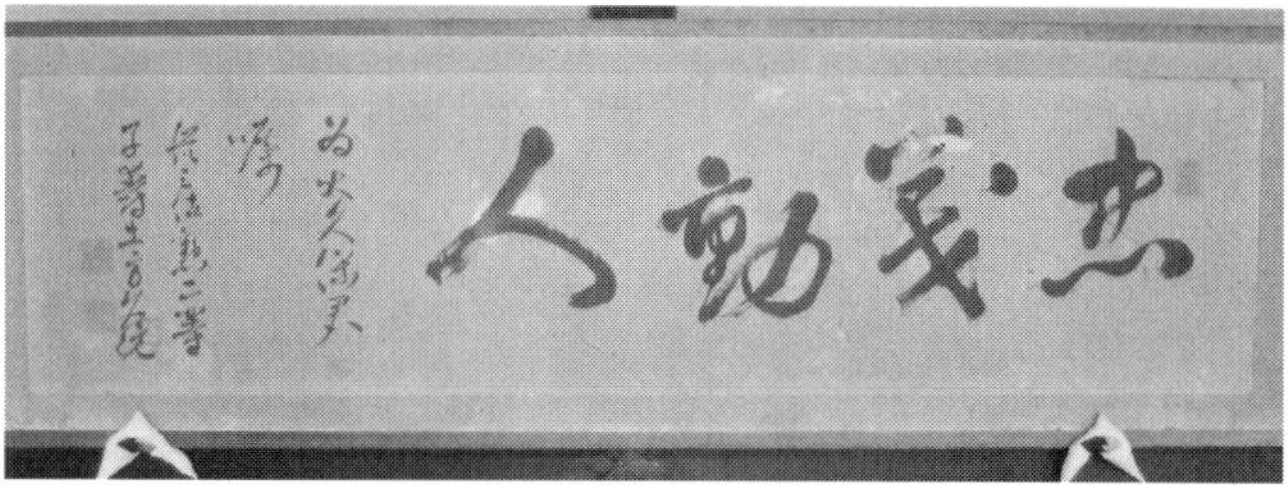

土方久元卿より賜った扁額

叡山を経由し琵琶湖の水路で彦根へ天子様をおつれ申し上げ彦根城でお守りするという密命があり、そのために彦根藩では高速舟を何艘か極秘で準備保有し、（訓練もしていたという）、京都守護の大任もあった藩のシンボル彦根城を是非破壊からお助け下さい……」と馬車が遠ざかるまで御請願を続けたのである。その大久保小膳の熱心な誠実な姿を毎朝見て登庁されていた土方卿はついに心を動かされ、参議・大隈重信とも相談されたのであった。

後に大久保小膳は「忠義動人　為大久保君　従三位勲二等子爵土方久元」という書を賜った。この額は現在も埋木舎の座敷に掛けられている。

大久保小膳の嘆願の熱意こそ彦根城天守閣保全の原点であり秘話であったのである。

全国の城郭を壊している中で彦根城だけを例外とするには公的な理由が必要となる。折しもその時、明治天皇様の北陸御巡幸があり、その御供をしていた参議・大隈重信公は天守閣より琵琶湖を望んで、その美景に「これを壊すのはいかがなものか、もったいない」と思われ、早速、籠手田《こてだ》安定県令を呼び、彦根城を天皇の特旨として天守閣は保存することに決まったという。ちなみに大隈参議のご夫人、熊子様の秘書官の中に大久保の親類もいたというから、皆様の善意の裏面工作によって天皇に直接嘆願申し上げ、思し召しを賜わるということは誠に有難い極みであったのである。

今日まで残っている、国宝・彦根城天守閣等の命を救った善意の人々の中の一人にまさに大久保小膳の奮闘と熱血があったのである。

達　文

今般思召有之、旧彦根城郭保存可致旨被仰出候、就而何分之儀追而其ノ節ヨリ其ノ県へ御達可有之候得共、此旨乃内達候也

明治十一年十月十五日

宮内卿　徳大寺実則

滋賀県令　籠手田安定殿

右が公式文書であるが、裏面史の秘話も記憶に留めておかねばならない。

ちなみに、彦根城の保存については、陸軍省による管理はそのままとし、滋賀県が保存管理、修繕を長期間に亘って行うこととなり、修繕費千六百二十四円も下賜されるという有難いこととなった。

エピソード

筆者の東京宅は文京区（元小石川）千石の高台にあり、昔は富士山も見えたのであるが、この一帯は江戸時代に林大学頭の屋敷があったところで、明治維新後は内務卿・土方久元邸があった場所であり、拙宅の辺りは隠居所があって景色も良く、明治天皇が御休憩された記念碑も建っている。その後、二百～三百坪位で分譲された一角が我が家であり、大久保小膳もこの辺りで土下座して内務卿に嘆願していたのかと思うと、子孫として心にジーンとくるものがあった。奇縁である。

第十三章　直弼公を顕彰し、遺徳を偲ぶ小膳

誕辰祭

豪徳寺で直弼公の二十七回忌が営まれた明治十九年（一八八六）、小膳は井伊家のお許しを得て、十月二十九日の直弼公の御誕生日に、琵琶湖畔、井伊家の御浜御殿（当時は千松館と呼ばれていた）にて、直弼公の「誕辰祭」を神式により私費にて挙行した。以降明治三十五年までの十七年間、小膳は運営の準備や寄付集めに奔走したのである。ちなみに井伊伯爵邸の彦根担当執事をしていた小膳は、当時御浜御殿に家族とともに居住していた。

当日は例年献茶席が何回も開かれ、また、直弼公を偲んで詠じられた「献歌」の儀も行なわ

琵琶湖畔・松原の千松館

れ、各地から集められた歌人達が和歌を色紙に書き奉納したもののうち、優れた歌は後に二枚屏風に作成されて、井伊家に献上された。また、和歌集として冊子になったこともある。また、「活花」の席も設けられた。さらに祭典終了後は夕方まで「能楽」が奉納され、鼓も響き、まさに「茶、歌、ポン」の直弼公の埋木舎時代の文化人としての修業の魂、心が甦るすばらしい誕辰行事となって喜ばれた。

松原村小学校の全生徒は教師が引率して毎年この祭典に参列、直弼公の自作の和歌に作曲されたメロディーで合唱した学校行事も花を添えた。

誕辰祭に参加の人達には余興もあり、福引等もあった。また、夕方よりは招待者には酒食を饗応し、終日、直弼公を追慕、懐旧してその遺徳を顕彰して散会する行事が小膳の私費と寄付を募り毎年行っていたことはまさに「ラストサムライ」の忠臣ともいえよう。

井伊直弼公三十三回忌法会慰霊歌集

明治二十五年（一八九二）三月二十八日に直弼公三十三回忌法会が盛大に挙行されたが、その折りの記念事業として、直弼公を偲んだ歌集が二冊作られた。この他に島田三郎、加藤弘之、矢部新作、金森通倫、森田文造各氏の追悼演説筆記集一冊も出版されている。

二冊の歌集は『故井伊直弼三十三年忌法会慰霊詠吟集』と『深みとり』である。次にそのなかより巻頭部分にある数首ずつを上げ、直弼公を改めて偲びたいと思う。

『法会慰霊詠吟集』より

わきてけふ忍はるるかな時のまも　過し昔はわすられねともむ　伯爵　井伊直憲
おも影は猶かすみ行いにしへの　春のあはれを聞て忍はむ　伯爵　井伊直憲室　宜子

三十餘り三つの年浪立こえし　むかしを忍ふ袖そかわかぬ　伯爵　松平頼聰室　千代子
ましし世を懸て思へは今更に　手向むとする言の葉もなし　子爵　井伊直安
みそみとせ過にし御代を思ひ出て　涙に袖をしほりける哉　大谷勝縁室　僖子
くりかえし昔の事の忍はれて　また袖ふらすけふにもある哉　子爵　毛利亮範室　賢子
聞てたにうつつに忍ふ昔かな　あはれ我みぬ夢の世かたり　松平頼温室　逸子
さくら田の雪とちりにとものゝふの　心の花を忍ふけふ哉　伏見宮　文秀女王
青柳のいとくり返し忍ふ哉　三十ちみとせのけふを思ひて　伊達宗城
君まししはるなつかしみ青柳の　いとくり返し忍ふけふ哉　伯爵　津軽承昭
しのふかな春の弥のしら雪に　はかなくきえし君か昔を　子爵　水野忠敬

この他全国各地から集まった人々は直弼に和歌を献じたのであった。大久保小膳は七十二歳の老齢にもまけず、三十三回忌の事務局、運営を切りまわしていたが、次の歌を亡き主君にささげた。

三十あまり二年は夢とすきぬれと　忘るひまなき君か面影

また大久保員臣は次のように詠んだ。

年ことに進みし御代を思ふにも　君か功とうれしかりけり

『深みとり』より

ぬきとむるやなきの糸のしら玉は　むかしを忍ふなみたなりけり　伏見宮　文秀女王
ふくかせになひく柳の糸見ても　くりかへしつつしのふはるかな　従一位　近衛忠凞
青柳の糸は昔にかはらねと　かへらぬ君そかなしかりけり　従四位　徳川義礼
青柳はおなしみとりになひけとも　むかしの春はかへらさりけり　従二位伯爵　東久世通僖
みそとせもあはれひと夜のゆめなれや　やなぎにかかる三日月のかけ　正三位伯爵　勝　安芳
青柳のかはらぬ色をみることに　むかしのはるのしのはるるかな　従三位伯爵　井伊直憲

この歌集も七百首近くの和歌、五百句近くの俳句が集められている。

大久保小膳は次の如く詠じた。

あをやきのいとくりかへしくりかへし
　君かむかしを思ひ出つつ

80歳代の小膳

直憲公と小膳の死

明治三十五年（一九〇二）一月九日、小膳を「親父」と慕って各公務を絶大な信頼にて頼んでおられ、幕末・維新という激動期を無事乗り越えられた、彦根藩十四代藩主、明治以降は伯爵となられた井伊直憲公が病気にて死去せられた。享年五十五であった。世田谷区、豪徳寺の直弼公の横に葬られたのである。直憲公は正二位、勲一等に叙せられ、瑞宝章を賜った。

戒名は忠正院殿正二位上伯爵勲一等清節恕堂大居士である。

小膳は葬儀が済むと張り切っていた魂も抜け、直弼公、直憲公の側役としてお仕えし、まさに一体となって幕末から明治維新の彦根藩の大転換期に活躍できたことへの回想に耽り涙する日々が多くなってきた。

そしてこの悲しみを追うように、翌明治三十六年(一九〇三)一月十四日に小膳は八十三歳にて死去したのである。

戒名は章義院殿忠誉宗保居士。

小膳の葬儀は盛大であった。千松館のある松原の住民は誕辰祭を毎年主宰していた人として親しんでいたこともあり、村民挙げて弔意を示し、出棺の折りは多くの村民が見送りに出て下さったのである。貴重な写真が残っているのでご覧いただきたい。人力車に乗った僧侶達に導かれ、葬儀は宗安寺にて行われ、亡きがらは龍潭寺に土葬されたのである。

大久保小膳の維新後に親しく交際された方々の氏名のメモが留記に記されていたところがあるので以下に記す。

小膳の葬儀当日、千松館の前

宗安寺の本堂へ向かう小膳の柩

宗安寺での小膳の葬儀

龍潭寺にある小膳の墓

○直弼公の御子様方や御縁のある方とは小膳親しく御交際する（敬称略）
直憲伯爵　松平弥千代　青山子爵　毛利子爵　井伊直安子爵　大谷およし　伊庭の妙楽寺・おあい　直憲公の奥方　有栖川宮

○大久保小膳宅を訪問された方々、交流のあった方々
井伊氏御一族　勝海舟　三条実満　有栖川宮　谷鉄臣（小膳を兄という）　土方伯爵　茶道関係の師匠方　旧彦根藩士の方々多数

※小膳宛の多くの手紙、はがきが残っている。これらの中には有名人よりのものも散見されるが未整理である。

小膳死去後、旧藩士の人々は小膳の子、員臣に父・小膳の志を継承して誕辰祭を続けるよう申し入れたが、自分では経費負担や力量も不足と辞退した。

その後旧藩士や有志の人々によって「旧談会」と称する会が創設され、会員の拠出する会費をもって「誕辰祭」は何回か行われたが、その後自然消滅してしまった。

「旧談会」はその後「井伊直弼朝臣顕彰会」や「無根水《むねみ》会」と名称を変えたこともあったが、今日まで存する旧彦根藩士の会「たちばな会」がその精神を受け継いでいるのである。

見つかった誕辰祭の祝賀会唱歌

平成二十七年には七月より十二月の長きに亘って、彦根市（大久保貴市長）挙げて「井伊直弼公生誕２００年祭」が盛大に行なわれ、多くの公的祝賀記念行事が次から次へ開催された。「埋木舎」も彦根城、楽々八景亭、彦根城博物館との巡回コースに入り、約三万人の入館者があり、十五年居住され、文武両道を若き時代に修練された直弼公の人格形成を肌で感じて顕彰されたのであった。

この行事中に筆者は一つの貢献をした。

２００年祭挙行の年の夏休みに、東京の自宅で大久保家伝承の諸資料を整理している時、誕辰祭を行っていた大久保小膳の残した諸記録等が入った黒漆の木箱を開けてみると、百点ばかりの文書の中に「故井伊直弼公誕辰祝賀会唱歌」と書かれた和紙を発見した。歌詞は直弼公が暗殺される前日に詠んだとされる「咲きかけし　たけき心の花ふさは　ちりてぞいとど　香の匂ひける」であり、曲は音階を示す数字が記され、楽譜とみられる。この歌を作曲し誕辰祭で歌ってくれていた松原の小学校は「千松尋常小学校」であることも判った。

この小学校は現在の彦根市城北小学校であり、その校長は以前埋木舎の茶会でお会いしていた小林典子先生、しかも音楽の先生であったので早速、現代の楽譜にしていただいた。そして城北小学校の生徒達に歌を練習して、十二月十八日には六年生、五十人を御引率して「埋木舎」の直弼公の十五年間居住されていた御居間の前の庭で堂々と合唱していただいたのである。直弼公生誕２００年祭の年に奇蹟が起こり、直弼公もさぞお喜びであったことであろう。この歌のメロディーは、十二月二十三日の博物館能楽堂で多くの来賓や市関係者方が列席された閉会式典でもおごそかに流れた。今後は直弼公の唱歌として受け継がれていくことであろう。

大久保小膳が明治時代私費で行っていた「誕辰祭」が今ここに市挙げての誕辰祭となって盛大に行われたことこそ小膳の理想としていた夢の実現であった。この年に誕辰祭の唱歌が再現して小学生達の美しい歌声で埋木舎に響いたことは大変感激し、感無量であった。

銅像建立

明治十年代に入り、薩長中心の明治新政府がスタートもした頃、旧彦根藩士等を中心に旧幕府に好意を有していた人々の間では直弼公の復権と顕彰の動きが起こってきた。勿論、大久保小膳もその中心的スタッフであった。

明治十四年(一八八一)九月には直弼公の記念碑建設にむけて趣意書や規約も作られ、募金活動も行おうとしはじめた。

「大老銅像建碑委員会」も設立されて、東京に銅像を建てようとしたが、明治政府の井伊大老に対する偏狭なる圧力で許可を得ることができなかった。

しかし、横浜では開港を実行し、その後の街の発展に大いに貢献された直弼公を顕彰しようとする気運もあり、明治四十二年(一九〇九)には有志の募金により現在の横浜中華街近くの不動山を買い、横浜開港五十周年にも合わせて直弼公の銅像が建てられた。ちなみに七月一日の

明治43年11月12日彦根招魂社脇に建てられた井伊直弼朝臣銅像
『故井伊直弼朝臣銅像除幕式之記』より 明治44年1月発行：大久保家蔵

除幕式も、薩長関係よりの圧力によって延期になったが、十日遅れでめでたく式典が行われたという。

大正三年（一九一四）には直弼公の銅像の建つ山一帯は横浜市に寄付され、現在も「掃部山公園」となって、市民の憩いの場になっている。

一方、彦根においても、明治四十一年（一九〇八）九月、直弼公五十回忌の趣意書において直弼公の銅像建設が決まり、横浜より一年後に、招魂社脇に建設された。

横浜と彦根の直弼公の正四位上、左近衛権中将という公家式正装にての凛しい銅像の御姿は、日本を開国し、国際協調、平和の礎えを決断された偉人を顕彰するモニュメントである。小膳も草葉の陰から何より喜んで見守っていることであろう。

第十四章　埋木舎保存に奮闘する小膳の子孫達

大久保小膳は明治三十六年（一九〇三）一月に八十三歳で死去したことは前述したが、「埋木舎は直弼公の十五年間居住の文化人的修行をされた大切な学舎であるから大久保家子々孫々で守り直弼公の遺徳を偲ぶように」との直憲公の仰せを小膳のＤＮＡを引き継いでいる代々の当主は、各代で各々起こったその存立の危機に対して、断固対応して排除し、埋木舎保全を全力で行なってきた。今日まで埋木舎を直弼公が居住された姿のままで保全できていることは奇蹟的であり、大久保家個人所有の代々の熱意と莫大な個人の経済的負担の基に死守されてきたことをここで記述し、小膳の霊に安心してもらい、直弼公の遺徳の顕彰にもなると考え、少々その要点を記述する。

二代・大久保員臣《かずおみ》

嘉永五年（一八五二）十二月生まれ

大久保員臣（昭和３年〈1928〉５月、千松館での招宴にて）

明治四十二年（一九〇九）、虎姫の大地震の時に、埋木舎の主屋は傾斜し、長屋大門は破壊されてしまった。当主大久保員臣は巨額の私費を出し、玄関周辺部分はいったん解体してから修復したのである。その時、玄関部分は相当変更されてしまったが、長屋大門は完全に復旧した。前述の大洪水とこの大地震のダブルパンチを受けて、尾末町に残っていた藩時代よりの武家屋敷約六十軒はわずか三軒しか残らなくなり、しかも他の二軒は生活しやすいように大改修がなされたという。完全な型の武家屋敷で残っているのは「埋木舎」だけとなったのである。大久保小膳の子、員臣もまた埋木舎保存に奮闘したのである。

昭和十二年（一九三七）二月二日死去、戒名・千松院殿至誠員臣居士。享年八十五、龍潭寺に眠る。

三代・大久保章彦《あやひこ》

明治十七年（一八八四）七月生まれ

大久保章彦（京都帝大時代）

大久保小膳の孫で、員臣の長男・大久保章彦が当主であった時にも埋木舎存続の危機が起こった。当時、大久保員臣の子供は男三人、女二人で三男の明文を除いて四人は皆結婚していなかった。明文は明治大学卒業後、県庁に勤めていたが、東京居住の滋賀県八日市出身の農商務省の役人で、退職後多くの家作を所有していた近江源氏佐々木一族の末裔、熊木治平の長女康子と結婚して、三男二女をもうけた（内三人の子は乳児の頃病死）。そして康子も戦時中彦根に疎開している時、病で死亡している。

日中戦争も激しくなり、次第に戦時色が強く、日本軍国主義が絶対のものになり始めた昭和十四年（一九三九）頃、護国の英霊を祭紀する護国神社を軍部の圧力で拡張することになった。神社の隣接地である埋木舎は、平和主義者であり国際協調を推し進めた井伊直弼公の史跡である。各国と戦争しようとしている軍部にとっては目の上のたんこぶであったであろう。拡張計画で目を付けられたのは、楽焼竈跡、武道場跡、直弼公が茶道具等の材料として利用していた竹林等埋木舎の約三分の二を占める裏庭の部分であった。いずれ埋木舎建物も撤収すると考えていたのであろう。ところが、員臣の息子である章彦、定武、明文の三兄弟は一致協力してこれに断固反対したのである。

ある時は埋木舎に憲兵が数名押し入り、土足で奥座敷まであがってきて「埋木舎を軍に提供できない奴は国賊である。戦車を出して、ぶっつぶしてやる！」と威圧したそうであるが、大久保三兄弟は切腹の白装束で、憲兵達と対峙し、「我らの首を切ってから接収せよ！」と対応して埋木舎を死守したそうである。

その場に立ち会っていた彦根警察署長も驚いて「このおじさん達は頭がおかしいので今日のところはお引き取りを」と憲兵達をなだめてその場を収めたそうである。

大久保章彦は、京都帝国大学時代に親交のあった近衛文麿氏や立憲民政党総裁であった町田忠治氏に直接協力を要請したり、時の憲兵のトップの東条英機をも説き伏せるなど奮闘した。埋木舎の遺跡保存の嘆願書を文部省へも提出もした。

これら三兄弟の奮闘により、原案は破棄されることとなった。当時の彦根市長・松山藤太郎氏は大久保家の親類であったので、板挟みになり苦慮されていたが、埋木舎保存が決定するや喜びの涙を流されたとのことである。

しかし、軍部や行政の意向にたてついた大久保章彦は、非国民とののしられ、特高警察や憲兵らにマークされ、一時不当拘束さえされた。章彦は紋付袴で死も覚悟して対応したという。

昭和十九年（一九四四）三月十九日死去、六十一歳。戒名は眞正院殿実相章彦居士、墓は龍潭寺。

今日のように文化財保存の意識がない軍国主義の戦時中、命をかけて、軍、官僚を相手に、埋木舎保存の主張を通した三兄弟を墓場の影で大久保小膳はきっと頼もしく思っていたことであろう。

四代・大久保定武

明治二十九年(一八九六)四月生まれ

章彦の死去後、埋木舎は弟定武が姉の房と浜の三人で生活していた。太平洋戦時中と終戦後の混乱期であったが、埋木舎は直弼公が生活していた時と全く同じ佇まいを維持していた。定武は一時、市役所に勤めたこともあったが、終戦後健康上の理由で退職していたので経済的にはたいへん困窮していた。電気はハダカ電球二個の安い定額灯、水は井戸、煮物は裏庭等で集めた芝や薪を使う、着物はボロの二、三着で、「彦根の奇人」の一人とよくいわれていたが、「武士の末裔」と倹約第一で、埋木舎を死守していたのである。

大久保定武(20代後半)

昭和二十七年(一九五二)三月、彦根城天守が国宝となり、同年七月より約一年、毎日新聞連載の舟橋聖一氏が直弼の生涯を描いた「花の生涯」が大ヒットした。その主となる舞台は埋木舎であり、後にＮＨＫ大河ドラマの第一作となったのである。

そして昭和三十一年、彦根城一帯が国の特別史跡となり、「埋木舎」もその史跡に指定された。埋木舎の歴史上の価値は益々重要なものとなっていたのである。

文部省からの官報は次の通りである。

文委記第六十二号
昭和三十一年七月十九日
大久保員臣殿　※（※登記上の名は未だ員臣であった）
文化財保護委員会
委員長　高橋誠一郎　印

特別史蹟の指定について（通知）

文化財保護法第六十九条第二頁の規定により下記の通り指定しますから通知します。なお昭和三十一年七月十九日文化財保護委員会告示第四十九号で官報告示しましたから念のため申し添えます。

記

一、種別　特別史跡

二、名称　彦根城跡

三、所在地　滋賀県彦根市尾末町

四、指定地域の中貴所有に係る部分

尾末町　二十五番、二十四番（埋木舎の敷地）

昭和三十四年（一九五九）、彦根市は翌年秋に行われる「井伊大老開国百年祭」の記念行事の一つとして、直弼公ゆかりの埋木舎の買収計画を立て、大久保定武と交渉し「隣地に家を建てるので移って欲しい」とか「管理権だけでも譲って欲しい」、「埋木舎を公開して欲しい」などと申し出てきたが、定武や東京の弟・明文は断固として反対し埋木舎を死守した。

さらにこの話が起きた頃、筆者の実父・明文がガンになってしまい、生家・大久保家の跡継ぎがいないことを日夜心配していた。筆者は長男として熊木家を継ぐ身であったが、当時既に大学で助教授となり、古文書や文化についての見識があった。また幼少の頃より父母に連れられて、「埋木舎」に度々伺っており、終戦後、東京の家が空襲で焼失した時には半年ほど彦根・埋木舎に住んだこともあり、愛着を持っていた。そこで実父のたっての願い通り、由緒ある大久保家を絶やさず埋木舎保存に尽力するという使命感を持って、昭和三十五年二月に伯父・大久保定武の養子となった。なお熊木家は筆者の弟・明彦が承継した。

定武は昭和五十四年（一九七九）二月十五日、八十三歳で死去、戒名は梅窓院殿清誉定臣居士、墓は龍潭寺。その跡は治男が相続し、大久保家も埋木舎も続くこととなる。

五代・大久保治男（現当主・筆者）――――――昭和九年（一九三四）五月　東京小石川生まれ

筆者が埋木舎を継いだ時には、東京の大学で教授をしており、不動産収入もあるので、「埋木舎」を代々大久保家で死守してきたことは絶対に尊重し守っていかねばならないと思っていた。また、埋木舎の老朽化が次第にひどくなっていたため、毎年一～二室ずつ修繕を行い、埋木舎を社会的にも役立たせ貢献せねばならぬと考え、実施していた。

ところが、昭和五十九年（一九八四）一～二月、近江地方の豪雪により老朽化著しい埋木舎南棟が屋根の雪の重みで全崩壊をした。

そこで昭和六十年度より五年計画にて文化財保護法に基づく文化財等保護整備事業として、全面解体修復工事が行われた。総工費は約二億円、国が七割、県、市、個人が各一割負担であり、治男も二千万円の私費を投じた。その他諸費用も三百万円以上かかり、まさに埋木舎を死守するという大久保家子孫の財政的奮闘でもあった。しかし、この大修繕、修復によって埋木舎は直弼公の時代そのままの姿に完全に、しかも「しっかり」と建物・庭が残っていることになった（文化庁や京大の研究所による十二分な調査・指導もあったが、埋木舎が直弼公の居住された時とほとんど同じで、庭も石一つ

大久保治男（大学学長時代）

変わっていないことに驚いたり喜ばれたりして、百数十年経っても大久保家代々がいかに遺跡を守っていたかが証明された)。

修復工事の管理は京都の財団法人建築研究協会が当たり、文化庁や、県・市の文化財の部署の指導も受け、実際の修復工事は愛知川の宮大工の伝統を承継する寺社建築専門の木澤工務店が担当した。庭園は五個荘の花文造園土木が当たった。

昭和六十年度、六十一年度は埋木舎全体の解体と調査。主屋部分の修復建築。昭和六十二年度は南棟部分、六十三年度は玄関、台所・水屋の部分、平成元年度は長屋・大門と高塀の部分、平成二年度は庭園部分の完全修復工事が無事完了して、井伊直弼公の居住当時の天保年代頃の状況に完全に復元されたのである。

平成三年三月二十七日、埋木舎の六年間の解体修復工事が無事完工、一般公開に先だって、大久保家主催で関係機関各位、有力な地元の方々約百名を招待し、埋木舎で記念式典、見学とさらに近江プラザホテルにおいて盛大な披露パーティーが行われた。文化庁、県、市の文化財担当の長の方々や獅山彦根市長や松本議長も出席され、文化人・井伊直弼公と一体となっている埋木舎の完全修復を一同で祝ったのである。

埋木舎修復竣工式

平成三年四月一日、埋木舎は一般公開された。

桜花爛漫の堀端、長い白壁の塀が美しく延びるいろは松より埋木舎に通ずる道には「開かずの門が開いた！」「花の生涯、文化人・井伊直弼公の青年時代に修業された居住の主舞台、埋木舎の内部が見られるぞ！」と、市民や観光客の明るい談笑が絶え間なく続いた。

明治四年（一八七一）以来、大久保家代々で死守して直弼公の遺徳を偲んで来た「埋木舎」が再び光を放ったのである。

大久保小膳の魂が子々孫々に受け継がれ、これからも、子や孫へ引き継がれていくのである。

ちなみに、公開より本年（平成三十年）で二十六年目、入館者も当初は年間二万人以上、それ以降も一万人前後はおられる。平成三年から二十九年までの総入場者数は三十八万六千人余りであった。

入館者は埋木舎の質素な館を見学して、茶の湯、和歌、禅、謡曲等の文化人的修行の深淵さや、守りの武道や他の学問の広い知識等を猛烈に修行された直弼公の青春時代を想い、教科書から感ずる直弼公のイメージとは全く異なり、学校で習ったこととといかに違うかを肌で感じて帰られるのである。

埋木舎では、毎年のように、直弼公の心に通ずる「茶会」や「講演会」―講師は主に当主で

埋木舎年間入場者数

年度	入場者数（人）
平成3	22,874
平成4	23,057
平成5	24,229
平成6	22,021
平成7	13,784
平成8	12,725
平成9	19,366
平成10	20,160
平成11	14,259
平成12	12,155
平成13	13,022
平成14	12,294
平成15	12,354
平成16	11,436
平成17	9,622
平成18	10,511
平成19	18,084
平成20	13,278
平成21	11,862
平成22	9,914
平成23	9,993
平成24	9,395
平成25	9,263
平成26	8,272
※平成27	24,845
平成28	8,125
平成29	9,312
合計	386,212

※直弼公生誕200年

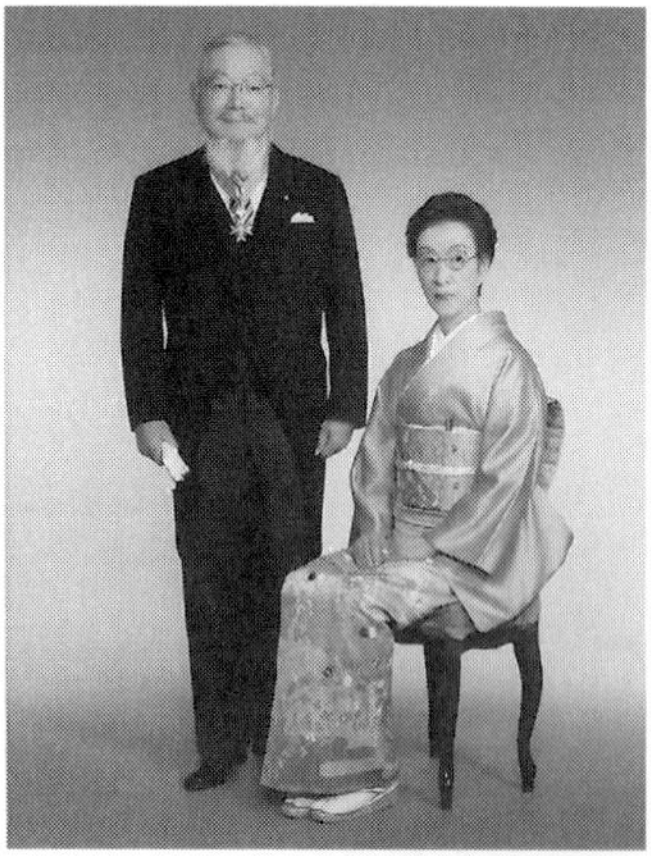

筆者と妻
平成26年秋の叙勲にて瑞宝中綬章を受ける

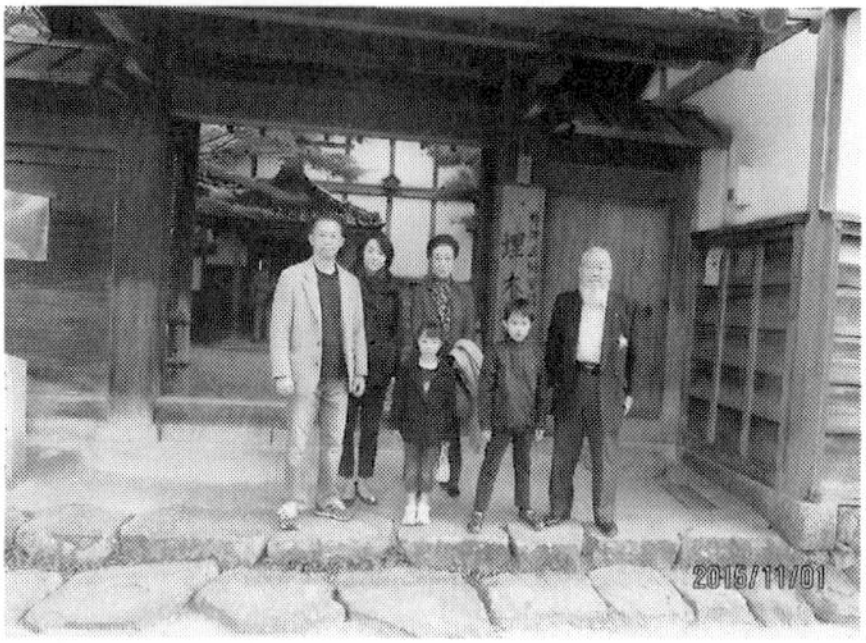

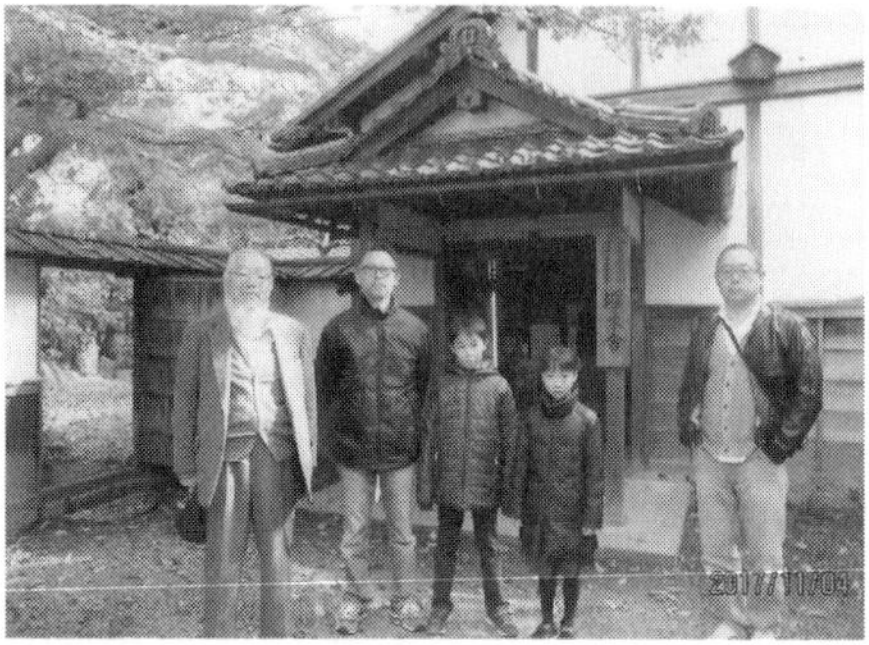

今後も「埋木舎」を守り抜く大久保家の家族達

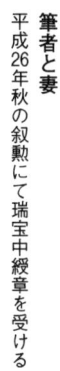

ある筆者―が開催される他、「俳句」や「書道」の展覧会場にもなり、近々には直弼公を題材として「歌会」も計画されている。また「地元小中学生の校外授業」等にも利用され、埋木舎に座すことで直弼公の青春時代にタイムスリップして同じ心に通じあえる不思議な力を皆さんの心に残す館となっている。

文化人・井伊直弼公の埋木舎時代の人格形成が後の政治理念にも通じていたことを理解できるため、埋木舎に実際に座して実感することで、マスコミ等でも正しい歴史観を報道することが多くなってきている。

明治四年以来百五十年近く、大久保小膳とその子孫達が全力で守ってきた埋木舎が現存していることこそが、直弼公の真価を正しく理解していただき、その国や人々の幸せを願って行った正しい政治決断の真価を皆さんに理解していただく基盤になっていることを感じ、小膳の子孫達の苦労も報われるのである。

第十五章　「埋木舎」関連の出来事等

大久保小膳や代々の子孫達の必死の努力によって文化人・井伊直弼公と一体となっている「埋木舎」が二百年近く経った今日もその姿のままで現存して一般公開もしていることは、直弼公の遺徳を偲びつつ、社会の文化的活動に大いに役立ち、社会への奉仕・貢献ともなっている。その歓びをあの世の大久保小膳にも報告して感謝したい気持ちと、さらに明治四年（一八七一）に直弼公の御子息、直憲公より「埋木舎を子々孫々大久保家で相守り、直弼公の遺徳を偲ぶ縁《よすが》とするように」との小膳への御遺言を立派に果たしていることの証明にもと思い、昨今の「埋木舎」関連の主な出来事等を本書の最後に項目別に略述して大久保小膳の遺徳も偲びたいと思う。

小説・ドラマ・映画・テレビ・演劇となった井伊直弼と埋木舎

昭和二十七年（一九五二）七月十日から翌年八月二十三日までの毎日新聞夕刊に、舟橋聖一の長編小説「花の生涯」が連載されたが、その前半は若い頃、文化人としての直弼公の埋木舎での生活が中心に展開している。国学者長野主膳や三味線師匠のたか女等も登場するが、この二人は直弼公が藩主や大老になった後までも役立つ存在となる。

ＮＨＫ大河ドラマ第一作は昭和三十八年（一九六三）四月七日から同年十二月二十九日までの毎日曜日夜八時四十五分から九時半まで、約九ヶ月、三十九回にわたる大企画であったが、これが何と井伊直弼の「花の生涯」であった。井伊直弼は歌舞伎の重鎮・尾上松緑、長野主膳は人気トップスターの佐田啓二、たか女は妖艶な女優・淡島千景で、その前半の主舞台は「埋木舎」であった。風呂屋がからっぽになるほどの視聴率（三十三・二パーセント）でテレビの歴史ブームの始まりとなった。また、井伊家関係では平成二十九年には「おんな城主 直虎」が放映されたのであった。

平成二十八年の「井伊直弼公生誕２００年祭」では、記念行事として、ＮＨＫ大河ドラマに登場した直弼役の俳優さんのパネル写真を埋木舎で展示した。これは彦根観光協会の全面協力によるもので、担当の小島さんが奮闘してくださった。

昭和三十八年の第一作「花の生涯」の尾上松緑から始まり、平成二年第二十八作「翔ぶが如く」では神山繁、平成十年第三十七作「徳川慶喜」では杉良太郎、平成二十年第四十七作「篤姫」では中村梅雀、平成二十五年第五十二作「八重の桜」では榎本孝明、平成二十七年第五十四作「花燃ゆ」では高橋英樹といずれもそうそうたる男優が直弼役を重々しく演じている。

そして平成三十年第五十七作「西郷どん」では佐野史郎が直弼役である。

NHK大河ドラマ第一作より十年前に、「花の生涯」は松竹で既に映画化されていた。直弼役は松本幸四郎、長野主膳は高田浩吉、村山たか女は淡島千景とこれも豪華キャストで大ヒットした。この映画でも直弼公の埋木舎時代が中心にすえられ、直弼公が天下人になった後も、苦難がある時は埋木舎をなつかしむ場面も度々出たのである。

昭和四十五年(一九七〇)の芸術祭協賛の十一月歌舞伎公演には「大老」が選ばれ、国立劇場で行われたのであるが、第一部は、彦根城外「埋木舎」の場より幕が開くのであった。出演者も、松本幸四郎、市川染五郎、坂東玉三郎、中村吉右衛門など超豪華版で、芸術性も極めて高いものであり、埋木舎こそが直弼公の心のやすらぎや茶や和歌、禅など文化修練の礎であることが劇の背景に流れていた。

平成六年三月には、帝国劇場や御園座において「名残の雪」という井伊直弼公の生涯を描く舞台が上演されたが、第一幕第一場は埋木舎門前、第二場、第四場は埋木舎、直弼公の居間であった。やはり埋木舎時代が人格形成の中核であったという流れであった。両劇場で販売されたパンフレットの「はじめに」の解説は大久保治男が埋木舎時代の直弼公を中心に書いている。

ちなみに、両劇場とも直弼公は江守徹、たか女・佐久間良子、長野主膳・篠田三郎の豪華俳優であった。

礼宮文仁親王殿下「埋木舎」をご見学

昭和五十八(一九八三)年三月十日、礼宮様(秋篠宮文仁親王殿下)は、学習院高等科地理研究会の研修旅行のため、琵琶湖周遊三泊四日の旅の第一歩を、彦根「埋木舎」にしるされた。

筆者は当時、学習院父母会の高等科の主務幹事(ＰＴＡ会長)を仰せつかっていた。長男忠治も学習院高等科で礼宮様の一年上級生ということもあり、大歓迎のため大久保一家全員彦根にそろってご一行をお迎えした。当時の埋木舎は、最も老朽化のひどい状況にあったので、庭の雑草や枝を払い、障子紙を張り替え、畳を替え、それでも崩れた部屋の前には、板を張ったり、屏風を並べたりして応急措置をしたものであった。

当日、新幹線ひかりで米原駅着、在来線を西明石行きに乗り換えられ、午前十時四十一分、担任の岡崎先生、学友二十八人とそれに若干の宮内庁関係者とご一緒に彦根駅にお着きになられた。礼宮様の服装は紺のハーフコート、薄グレーの格子まじりのズボン、茶色の革靴、それに大型のカメラを肩にしておられた。筆者の案内で徒歩により駅前通りから護国神社、いろは松を経て、十一時過ぎに「埋木舎」に入られ、表座敷、茶室「澍露軒」それに奥座敷、居間等をご案内申し上げた。

奥座敷では礼宮様はじめ全員の方に約三十分、埋木舎当主である筆者が、井伊直弼公が青春時代の十五年間を埋木舎で過ごされ、文化人としての修養に全魂を傾けていたこと、幕末の国難に対処した度量が埋木舎で形成されたこと等をご進講申し上げると、大変興味を持たれたご様子であった。

埋木舎のいかにも老朽化した家屋に強い印象を受けられた御様子で、宮さまはその後も古い家を見学されると「埋木舎みたいですね」と息子におっしゃったとかで、恐縮の極みであった。しかし文化人直弼公の質素な生活ぶりや厳しい修練の様子を理解していただいたことは何より有難いことであった。

礼宮様ご一行は埋木舎において、お弁当でご昼食、小休の後、午後一時過ぎに筆者の案内にて埋木舎を出立されて開国記念館より彦根城へ登られた。天守より眼下に広がる琵琶湖や町並みをご覧になり、玄宮園を経て、さらに、井伊家の菩提所龍潭寺の石庭やダルマをご覧になり、宿泊所の彦根簡易保険保養センターへ入られた。

二日目以降は、安土や草津宿本陣、大津、三井寺、延暦寺、近江舞子の旧跡を回って、最後は長浜豊公園、慶雲館、旧長浜駅舎、さらに後鳥羽上皇様も一時滞在されたこともある下坂家（筆者の親類）を訪問されて研修旅行は終了となった。

学習院の関係があったにしても、礼宮様が「埋木舎」にお立ち寄りいただいたことは大久保家の歴史にとってこの上ない名誉なことであり、いつまでも記憶すべきこととして、玄関前の柳の木を「礼宮様御尊来記念樹」とさせていただいている。

井伊直弼の埋木舎時代にもふれる書籍

吉川英治先生著『桜田事変』（改造社版）の「蛟龍」の章の劈頭の部分は、「埋木舎」の様子から始まっている。

また、最近では、吉川英治文学新人賞受賞作である諸田玲子先生の『其の一日』（講談社）の四話の中の一つ「釜中の魚」において、井伊直弼公を慕う可寿江の女心の切なさが実に上手に書かれている。また何といっても平成十八年より日本経済新聞夕刊に連載された小説『奸婦にあらず』（日本経済新聞社）は、井伊直弼公とたか女に題材を求めた壮大なスケールの作品である。「埋木舎」は、深奥なる静寂とした直弼公の「心」の安らぎの元素として位置づけられていて、諸田先生の作風と意気込みに大いに感銘した一人であった。

この他、幸田真音先生の『藍色のベンチャー』（新潮社）、龍道真一先生の『化天―小説最後の武士・井伊直弼』（広済堂出版）など、井伊直弼公を中心とする長編小説も散見でき、舟橋聖一先生の『花の生涯』以来、偉人・直弼公を再評価しようという出版界の動きはまことに喜ばしい限りである。

現当主大久保治男の代になると、大学教授でもあり自らも単行本や各雑誌に「文化人・井伊直弼と埋木舎」関連の文を多く執筆することで世に関心を持っていただき、歴史教科書の井伊直弼公の薩長史観よりの意図的な悪いイメージを史実の実証によって払拭するように努めている。

単行本としては『埋木舎―井伊直弼の青春―』（高文堂出版社）、『埋木舎と井伊直弼』（サンライズ出版、淡海文庫41）の他、雑誌、大学紀要等に多く載せているので、一部を次に掲げておく。

・江戸の夜話「茶・歌・ポン」『戸籍時報』昭和六十一年四月号（日本加除出版、一九八六）
・日本史を変えた人物「開国の視野を育んだ埋木舎時代」『歴史読本―創刊六〇〇号記念』平成五年六月（新人物往来社、一九九三）
・徳川300年を動かした男たち「平和主義の決断・井伊直弼と安政の大獄」『別冊歴史読本』平成八年四月（新人物往来社、一九九六）
・「文化人・井伊直弼と武道」『武道』平成二十三年十二月号（日本武道館、二〇一一）

この他、茶道関係の雑誌、筆者記述の大学研究紀要や論集等で井伊直弼公や大久保小膳等を取りあげたものは二十数点にのぼる。

テレビ番組

行事や歴史・旅行番組、茶の湯関係で「埋木舎」がちょっと映る場面は何回もあったが、ここでは直弼公やその中で埋木舎時代も多く映る長時間の最近のものを二、三紹介する。

平成二十五年二月二十八日、夜八時から一時間、ＮＨＫＢＳプレミアム「井伊直弼、鬼か改革者か」

平成二十七年七月六日、夜七時から二時間スペシャル、ＢＳ11「とことん歴史紀行　井伊直弼」には筆者もコメンテーターとして出演。四、五回の場面で、埋木舎時代の直弼公の文化人としての、特に茶や和歌、庶民性や国際協調思想などの人格が形成されたことなどを話している。

他に、武蔵野学院大学もあるエリアの埼玉県狭山市のケーブルテレビでは、地元の大学教授でもある筆者が何回か一時間近く文化人・直弼公の人格形成・修行のことや埋木舎のことを話す番組が放映された。

新聞掲載

新聞では長年に亘って埋木舎関係の記事は文化財として、また関連の行事、さらに埋木舎を現在まで百数十年守ってきた大久保家代々の功績等に関して多く掲載されており、スクラップ帳四、五冊にもなっている。そこで手元にあった写真入り七、八段抜きで大久保治男の名も記されている最近の記事より何枚かをピックアップして紹介してみよう。

・平成十三年九月二日の北海道新聞【平和願った開国の精神伝えたい／井伊直弼の文物を守る大久保治男さん】の見出しで七段抜き写真入りの記事。

・平成十六年一月三十一日、朝日新聞【武家屋敷を代々守り百三十年／埋木舎当主大久保治男】の記事は写真入り六段抜き。

・平成二十年十一月五日、日本経済新聞「文化欄」【直弼の青春の跡を守り継ぐ――不遇の時代を過ごした彦根「埋木舎」を保存・大久保治男】見出しの記事は写真入り八段抜きでほぼ一頁全面近くであった。

・平成二十六年六月十七日、読売新聞【直弼の功績光当てる―花の生涯、彦根、多聞櫓前の「埋木舎」】大きな写真も載り六段抜き。

・平成二十七年九月二十六日、産経新聞一面の「舞台の遺伝」シリーズ【開国決断希代の政治家育む「埋木舎」】では四段抜きにて大きな写真入りで紹介。三面でも【決して埋もれぬ魂の碑】として五段抜きにて埋木舎大門前の登校する子供達も入れての大きな写真を載せている。

・平成二十七年十一月五日、東京新聞【井伊直弼明治期にも慕われた証し／和歌を唱歌に／史料発見／文京区の大久保治男さん】唱歌・楽譜と写真入りで三段は文章で半分くらいの紙面。二十八年、二十九年も各新聞の地方版を中心に、埋木舎での茶会や講演会等その都度報道していただいているがここでは省略する。

「埋木舎時代の文化人 井伊直弼」の講演会で話す筆者
（平成20年　井伊直弼と開国150年祭　於彦根城博物館）

市主催の行事協賛

公的な市主催の行事にも天守閣・楽々八景亭・彦根城博物館等と共に埋木舎も巡回見学コースに入り、井伊直弼公顕賛に全面協力している。

・平成十九年、国宝・彦根城築城４００年祭
・平成二十年、井伊直弼と開国１５０年祭
・平成二十八年、井伊直弼公生誕２００年祭記念行事に参加。小学生低学年・高学年、中学の三部に分けて、直弼公に関する作文コンクールを実行する。百五十通応募の中より、市長賞の他、埋木舎賞も三分野で授与する。

・平成二十九年、国宝・彦根城築城410年祭を記念して埋木舎での「茶会」と「講演会」を会期中、数度の開催。

埋木舎での茶会開催

近年「埋木舎」座敷や茶室「澍露軒」での茶会開催を望む茶人も多く、それは何よりも文化人・井伊直弼公の茶人としての偉大さを肌で感ずることができるからであろう。そこで最近の大きい茶会のみを次に挙げておく。なお各茶会の時は大久保埋木舎当主が直弼公の埋木舎時代、特に茶の湯関連や大久保家代々の埋木舎死守等に関しての講演を行っていることも多い。

・平成二十年八月二十四日、直弼流茶道を継承されている樹聖会、一会流（神野先生）主催。二回、約四十名参加。

・平成二十年十月二十六日、石州流茶会、延べ約百名参加。当主の講演「文化人直弼の埋木舎での茶の湯」

・平成二十一年二月二十二日、茶の湯文化学会の埋木舎見学と当主講演、約百名参加。
・平成二十二年十一月四日、石州流茶会、三席。当主講演、三回。石州流湊会長も水戸より出席、約三十名参加。
・平成二十三年七月十六日、藤裔会（藤原一門後裔の会、本部・春日大社）京滋支部総会の見学会と埋木舎に関する講演。
・平成二十三年九月九日、三市（彦根市、高松市、水戸市）交流茶会、六十名参加。
・平成二十四年三月二十九日、淡交社、茶の湯の旅茶会。埋木舎で三十名参加、テレビ撮影もあり（TBSヒストリア）。
・平成二十六年五月十一日、樹聖会一会流、茶会（神野先生）。約四十名参加。
・平成二十七年三月七日、NPO法人ひこね文化デザインフォーラム、講演と子供の茶会。約五十名参加。
・平成二十七年十一月十三日、姫路市文化財課引率、歴史を考える会での井伊直弼と茶の湯についての講演。約五十名。
・平成二十七年十一月十五日、石州流、宗観、茶の湯相伝のつどいの茶会（神野先生）、約五十名。

彦根・水戸・高松三市親善茶会。正客は石州流会長・水戸の湊素仙先生
（平成29年　於埋木舎）

・平成二十七年十二月五日、「埋木舎文化大学」開催、当主講義。約三十名に修了証書授与。
・平成二十八年十月二十九日、中央大学滋賀白門会担当幹事、近畿ブロック各支部長等約三十名来舎。講演と茶会。
・平成二十九年三月十八日、奈良河合町郷土を学ぶ会、埋木舎、特に直弼の茶の湯の心、澍露軒見学と講話。七十五名。
・平成二十九年九月二十四日、三市（彦根、高松、水戸）石州流、直弼流茶の湯の茶会、約六十名（神野先生御担当幹事）。――大久保貴彦根市長他御来賓――
・平成二十九年十月十四日、経済同友会（西日本）昼食会、茶会、講演会。約三十名（一圓泰成彦根観光協会長が幹事）。
・平成二十九年十月二十九日、直弼公顕彰会（会長、埋木舎当主）主催、直弼流の彦根の西郷様、横浜の前田様、各師範の茶席と当主の講演。東京、横浜よりも直弼の茶の湯の精神を敬う茶人約五十名。
・平成二十九年十一月十六日、春日大社、花山院宮司と婦人部の人々約三十名。

以上、最近の茶会等の主なものを列記したが、この他、小さな茶会は最近多く開かれている。今後は当主の方針もあり埋木舎での茶会もより多く開かれ、直弼公の茶の心の大切さを世間にさらに広め、埋木舎と茶室、澍露軒に座すことで、直弼公の真の精神と偉大さを肌で感じていただきたい。

なお、彦根では直弼公の茶道の研究もされてこられた樹聖会・一会流の神野紅舎先生、彦根藩御家老家の後裔である松涛庵の西郷宗博先生、NPO法人ひこね文化デザインフォーラム理事長西村文明様、埋木舎茶会等で前々よりお世話になり、また昨今は横浜の直弼公直伝の奥野藤兵衛氏の後裔である攝草庵流の前田滴水先生、春水先生ご夫妻、東京では徳川幕府数寄屋頭・

井伊直弼顕彰会による茶会で主宰の前田滴水先生と前田春水先生と共に
（平成28年　於横浜・大佛次郎記念館）

伊佐派の磯野宗明先生、さらに水戸の前石州流茶道協会理事長の湊素仙先生と多くの石州流の方々ともご高誼賜り、直弼公の茶道の顕彰にお力をお貸しいただいている。さらに石州流は勿論、裏千家淡交会滋賀支部副幹事長・嶋田宗弘先生、表千家滋賀支部事務長・外海和子先生、和伝研究会の白井佐智子先生、前野二三代先生方ともお知り合いの輪を広げて埋木舎での茶会の隆盛を祈念し、これらを通じて文化人井伊直弼公の真価を再認識すべく、社会奉仕を致したく強く思っているところである。

その他埋木舎での展覧会

近年、埋木舎では茶会だけでなく、さまざまな分野で直弼公顕彰の行事や展覧会も開催されることが多くなった。俳人・赤木和代先生、書道家・田中貴光先生等、多くの先生方が文化人・直弼公を育んだ埋木舎を会場として、その輪が広がっていることは、誠に喜ばしいことである。さらに旧知の進藤玉子先生や茶の湯研究の岩田澄子先生にも、お世話になっている。

今後は歌会や謡曲等も計画されており、直弼公といえば大老・開国・桜田門の変という政治の面だけでなく、実に教養豊かな文化人であったということを、多くの方にこの埋木舎で体感していただければ幸いである。

現当主の講演

現埋木舎当主大久保治男は大学・大学院教授を五十四年間も勤め、その間社会的公的委員も種々務めており、余生は社会奉仕で恩返しもしたいと思っている。要請があれば社会教育にも貢献することを歓びとしている。

特に「文化人・井伊直弼公の埋木舎時代の人格形成が後の藩主や大老になった時の政治理念・バックボーンになっており、幕末の外圧等始まった折りは、開国し外国と親善、交流し、戦争を回避し我が国が欧米の植民地にならなかったことへの真価が正しく理解されていない点等」を講演の中心に置いている。

従前より数十年に亘り、右のテーマを中心に主に公的機関の要請により、東京周辺やある時期の勤務地でもあった山梨県や苫小牧市、狭山市等でも延べ二百回に近い講演を行ってきた。

「柳の香合」と銘菓「柳のしずく」

埋木舎のことを柳王舎、柳和舎とも呼び、こよなく柳を好んだ直弼公であるが、文化六年（一八〇九）創業のいと重菓舗には直弼公に因んだ銘菓がある。

「埋れ木」は自家製の白餡を求肥で包み、抹茶と和三盆糖をまぶした代表銘菓だが、その他に「柳のしずく」がある。この菓子は第五章六十二頁で小膳が直弼公から賜った「柳の香合」と同様の形で、これには次のような話をお伺いした。

かつて、いと重では井伊家の菩提寺から注文のある度に、直弼公自ら彫られた木型をお預かりし落雁を納めていたが、戦後、同様の模様を複製した木型で、黄味餡とバターの風味が合いまった現在の菓子を作られたそうだ。ちなみに「柳のしずく」と命名されたのは、十六代当主井伊直愛氏夫人・文子様だという。

明治三十八年（一九〇五）に開催された旧談会による誕辰祭では「小膳が直弼から拝領した柳の香合を模した紀念菓『柳の雫』が祭壇に供えられた」（京都日出新聞）とあるが、この紀念菓とは前述の落雁のことかもしれない。

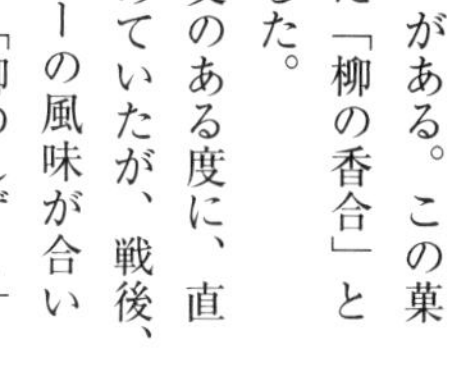

銘菓「埋れ木」

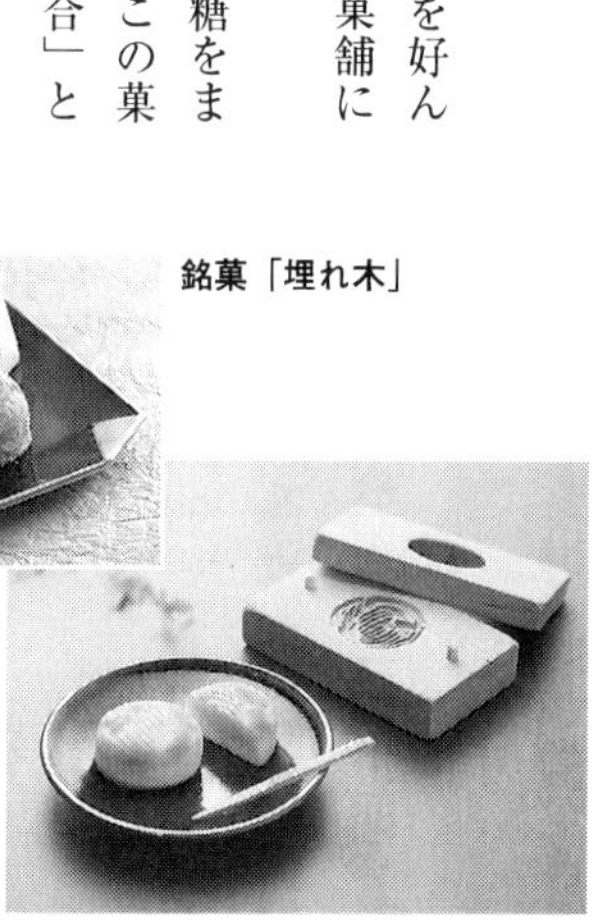

銘菓「柳のしずく」

大久保小膳（6代目）関連年表

西暦	和暦	出来事
1815	文化12	10月29日井伊直弼生まれる。
1821	文政4	1月2日捨三郎（後の小膳）生まれる。
1828	文政11	大久保家、尾末町木俣亘理跡屋敷に屋敷替え。
1831	天保2	直中死去。直弼埋木舎に移る。
1836	天保7	2月5日捨三郎、11代藩主直中の11男・直元の御小姓となる。
1839	天保10	正月捨三郎、100日休暇をもらい帰藩。
1840	天保11	8月捨三郎、直元より喋と喋袋を賜る。
		12月23日捨三郎、父の病気につき、帰藩。
1841	天保12	正月9日小膳（5代目）死去。
		閏正月晦日、捨三郎21歳で家督を継ぐ。
		3月捨三郎、江戸詰奥共詰となる。
		6月捨三郎、小膳と改名。
1842	天保13	直亮参勤5月11日江戸→23日彦根。小膳、川割取次・足軽采配を勤める。
		7月小膳、母衣役となる。
1843	天保14	直亮3月14日彦根→26日江戸。小膳御供。
		家慶日光社参に付、4月13日より小膳、直亮の御供を勤める。
1844	天保15	5月小膳、江戸から帰藩。
1845	弘化2	7月小膳、直元の小納戸役となり江戸詰め。
		10月直弼、『入門記』を完成。
1846	弘化3	1月直元死去。
		1月16日直弼次女弥千代誕生。
		2月直弼、江戸へ。直亮の嗣子となる。
		2月18日小膳、直元の小納戸、併せて直弼の小納戸御用役となる。
		直亮参勤5月6日江戸→17日彦根。小膳御供。
1847	弘化4	直亮参勤4月18日彦根→28日江戸。小膳御供。
1848	嘉永元	4月20日直憲（愛麿）誕生。
		11月15日小膳、直弼御住居でのお勤めとなる。

西暦	和暦	出来事
1849	嘉永2	正月晦日小膳、150日の休暇をもらい帰藩。
1850	嘉永3	2月5日彦根藩江戸上屋敷類焼。
		9月28日直亮死去。
		10月5日小膳、直弼帰藩の御供。川崎で直亮死去の報を聞き、翌日江戸へ戻る。
		直弼は11月21日彦根藩主、同27日に掃部頭となる。
		12月、直弼は直亮の御遺金を家臣、領民へ分配。
1851	嘉永4	3月、直弼は相州警衛地を巡見。小膳御供。
		直弼参勤5月26日江戸→井伊谷→6月11日彦根。小膳御供。
		9月15日～19日、直弼領内巡見(1度目)。
1852	嘉永5	閏2月21日～26日、直弼領内巡見(2度目)。小膳御供。
		3月12日～17日、直弼領内巡見(4度目)。小膳御供。
		直弼参勤4月27日彦根→5月7日江戸。小膳御供。
		7月21日、直弼は松平信豪の妹昌子を正室に迎える。
		8月28日小膳、昌子様御入輿御用懸となる。
1853	嘉永6	3月、直弼日光東照宮参詣の後、佐野領巡見。小膳御供。
		直弼参勤5月19日江戸→6月1日彦根。小膳御供。
		6月3日、ペリー浦賀へ来航。
		直弼異船対策の為7月13日彦根→24日江戸。小膳御供。
		11月彦根藩相州警衛から羽田・大森警衛へ。
1854	嘉永7	3月3日日米和親条約締結。
		4月9日彦根藩羽田・大森警衛から京都守護へ。
		直弼参勤5月5日江戸→15日彦根。小膳御供。
		7月14日小膳、京の状況を調べに行く。
		9月20日ロシア艦が大坂へ来航。
		9月21日、小膳見分のため馬で大坂へ。25日帰着。
		10月27日直弼、淀堤鷹場と京都巡見。11月9日帰着。小膳御供。
1855	安政2	4月9日小膳、「宗保」の茶名と直弼自作の茶杓「州鶴」をいただく。

西暦	和暦	出来事
1855	安政２	直弼参勤８月17日彦根→８月28日江戸。小膳御供。
1856	安政３	５月11日小膳、英一笑の滝の画に直弼自筆の和歌の掛軸を拝領。
		直弼参勤５月16日江戸→５月27日彦根。小膳御供。
1857	安政４	３月８日小膳、寒雉写平丸釜高橋因幡作を拝領。
		３月15日小膳、側役に役替え、直憲付人兼帯となる。
		８月小膳、『茶湯一会集』の写本を終える。
		直弼参勤８月17日彦根→28日江戸（最後の出立）。
1858	安政５	３月６日、直憲が小膳宅へ来る。
		４月23日直弼大老就任。
		６月19日日米修好通商条約締結。
		６月25日徳川慶福を将軍家定の継嗣に決定。
		８月８日戊午の密勅。
		12月孝明天皇が条約調印了解の沙汰書を下す。
1859	安政６	９月24日直憲が元三大師へ夜参拝。小膳御供。
		直憲10月19日彦根→11月２日江戸。小膳御供。
		11月24日小膳、直弼より柳の香合を拝領。
		11月25日小膳、「茶之湯亭主心得幷懐石次第」を借用、書写。
		12月15日直弼正四位上に昇叙。
1860	安政７	直弼、狩野永岳に自画像を描かせ自詠「あふみの海」の歌を賛して清凉寺に納める。
		３月３日桜田門外の変。
		小膳、急御用筋にて３月３日夜江戸→３月８日彦根。10日朝彦根→17日江戸。
		３月10日、彦根藩では直憲を嫡子とすると決定。
	万延元	３月23日小膳、鷹頭取兼帯となる。
		３月30日直弼の大老職が解かれる。
		閏３月30日直弼の喪を公表。
		４月28日直憲彦根藩主となる。

西暦	和暦	出　来　事
1860	万延元	5月22日小膳、直憲の御跡乗を命ぜられる。
		6月1日直憲、徳川家茂に御目見。
1861	万延2	1月11日小膳、鉄砲足軽30人組を預かる。
	文久元	3月小膳、150日の休暇をもらい帰藩、9月江戸へ。
		和宮降嫁10月20日京都→11月15日江戸。
1862	文久2	2月11日家茂と和宮の婚儀。
		直憲、天皇へ将軍婚儀の報告の為2月23日江戸→彦根で一旦逗留→3月23日京都。小膳御供。
		3月29日～4月2日小膳、母の見舞いに一時彦根へ。
		直憲4月4日京→19日江戸。小膳御供。
		直憲6月2日江戸→15日彦根。小膳御供。
1863	文久3	3月6日直憲、上洛した家茂に対面。小膳御供。
		3月11日小膳、50俵の加増。
		直憲、天皇の御機嫌伺いの為5月11日発駕、13日京着。小膳御供。
		5月15日彦根藩が横浜警衛を解かれ、大坂警衛となる。
		8月18日公武合体クーデター。
		11月15日直憲は家茂の先供を命ぜられる。小膳御供。
1864	文久4	1月8日直憲、家茂が大坂より上洛の際、先供となる。小膳御供。
	元治元	4月直憲、左近衛権中将に任ぜられる。
		6月彦根藩は京都巡邏、伏見警衛を命ぜられる。
		7月1日直憲、彦根から船で大津、3日上洛。小膳御供。
		7月19日禁門の変。近衛館前で直憲自ら守護。小膳直憲の御側で護衛する。
1865	元治2	直憲、東照宮へ将軍代参を命ぜられ3月11日彦根→29日江戸。小膳御供。
	慶応元	直憲日光代参4月12日江戸→日光から佐野を廻り23日帰府。小膳御供。

西暦	和暦	出　来　事
1865	慶応元	直憲５月11日江戸→29日彦根。小膳御供（直憲病気で延着）。
		閏５月15日家茂彦根城に逗留、17日発駕。
		７月４日～12日小膳、小野田小一郎のお達しにより急御用で上京。
		９月２日長州征伐先鋒隊として彦根藩出馬、５日入洛。小膳御供。
		11月７日彦根藩広島へ出馬。小膳御供。
1866	慶応２	７月20日家茂、大坂城中で死去。
		９月６日直憲、休兵の命により広島を離れる。小膳御供。
		９月25日直憲彦根帰城。小膳御供。
		12月５日徳川慶喜、15代将軍となる。
		12月25日孝明天皇死去。
1867	慶応３	10月14日慶喜、大政奉還上表を朝廷に提出。
		12月９日王政復古。
		12月23日直憲禁闕守護を申し出る。
		12月26日彦根藩に四塚関門の警衛を命ぜられる。
1868	慶応４	１月３日鳥羽・伏見の戦い。
		１月16日直憲、明治天皇へ太刀と馬を献上。小膳御供。
		２月16日小膳、都合により鷹頭取御免となる。
		２月18日～22日小膳、御用筋につき上京。
		閏４月９日～12日小膳、御用筋につき上京。
		５月14日大雨により小膳の自宅浸水。
		５月23日小膳、直憲公縁談御内御用掛となる。
		７月17日小膳、備前国守吉小脇差を賜る。
	明治元	10月17日小膳、糟宮様ご縁談御用掛となる。
		11月26日小膳、御役御免、三等家執事御供頭となる。
		12月２日小膳、章男と改名。

西暦	和暦	出　来　事
1869	明治２	２月５日彦根藩は版籍奉還の上表を新政府に提出。
		２月14日小膳、御供頭御免。
		２月19日小膳、御縁組御用掛となり、２月23日糦宮様御入輿。
		３月７日～28日直憲、明治天皇東幸の前駆を勤める。小膳御供。
		６月17日直憲、彦根藩知事に任命。
		８月13日小膳、上等家扶、糦宮様附兼帯となる。
1870	明治３	３月10日～28日糦宮様、有栖川家にお里帰り。小膳御供。
1871	明治４	７月15日廃藩置県。直憲知事を免ぜられる。
		８月７日小膳、替屋敷の通知。
		８月15日小膳、埋木舎へ引っ越し。
		９月23日直憲、彦根から東京へ。
1872	明治５	10月24日～翌年11月15日直憲、洋行へ。
1875	明治８	招魂社建設で埋木舎一部を寄付。
1878	明治11	彦根城天守等保存が決まる。
1881	明治14	直弼記念碑建設運動始まる。
1884	明治17	小膳、『事集記・全』をまとめる。
1886	明治19	３月豪徳寺で直弼27回忌法要。小膳、島田三郎に秘録を公表。
		10月29日小膳、御浜御殿で「誕辰祭」開催。
1891	明治24	彦根城の管轄が陸軍省から宮内省へ。
1894	明治27	彦根城が井伊家に下賜される。
1896	明治29	９月琵琶湖大洪水、尾末町は床上浸水。
1902	明治35	１月９日直憲死去。
1903	明治36	１月14日小膳死去（83歳）。

参考・引用文献

島田三郎『開国始末』與論社
彦根市編『彦根市史』
彦根市史編集委員会編『新修彦根市史』
彦根市教育委員会編『彦根市文化財調査概報―武家屋敷』
彦根城博物館叢書①〜⑦ サンライズ出版
滋賀県『特別史跡彦根城跡内埋木舎修理工事報告書』
舟橋聖一『花の生涯』新潮社
吉川英治『桜田事変』改造社
武田鶯塘『井伊直弼言行禄』東亜堂書房
岡繁樹『井伊大老』さわもと書房
徳永真一郎『井伊直弼』成美堂出版
矢部寛一『彦根古城の秘史』彦根史談会
吉田常吉『井伊直弼』（人物叢書）吉川弘文館
母利美和『井伊直弼』吉川弘文館
渡辺霞亭『井伊直弼』盛文館

山口宗之『井伊直弼』ぺりかん社
大原和雄『井伊直弼』パレード
富田禎治『一座建立』熊本日々新聞
中村昌生『井伊宗観』淡交社
北村寿四郎『湖東焼の研究』辻本写真工芸
彦根市教育委員会編『井伊大老の研究―資料編』
矢部寛一『井伊大老』彦根史談会
中村不能斎『彦根山由来記』中村勝麻呂
木俣守一『井伊大老』井伊直弼朝臣顕彰会
岡田孝男「井伊大老の埋木舎」新住宅十巻九月号
松島栄一「茶湯一会集とその後」淡交四十二年十二月号
林屋辰三郎「茶道史の対極―井伊直弼」淡交三十一年十一月号
大久保治男「井伊直弼側役『大久保小膳』について（一）・（二）・（三）」駒澤大学政治学論集五十年七月号・五十一年二月号・五十一年八月号
大久保治男『井伊直弼と埋木舎と大久保家』在米近江クラブ
彦根藩・大久保家文書　彦根城博物館と共同調査・整理　製本済約六〇〇〇点
彦根藩・大久保家文書　東大法学部近代法政史料センター　マイクロ化　約一〇〇〇点
大久保小膳留記、事集記、日記類等の古文書大久保員臣、章彦、定武、熊木明文の各留記。
大久保治男『改訂埋木舍』高文堂出版社
大久保治男『埋木舍と井伊直弼』サンライズ出版
大久保治男「井伊直弼」歴史読本　平成十年十月号
大久保治男「文化人・井伊直弼の『埋木舍』における茶道についての一考察」武蔵野学院大学研究紀要　第一輯　平成十六年十月
大久保治男「文化人・井伊直弼の『埋木舍』における『和歌』と『国学』について」武蔵野学院大学研究紀要　第二輯　平成十七年十月
大久保治男「文化人・井伊直弼の諸政治決断」武蔵野学院大学研究紀要　第三輯　平成十八年六月
大久保治男「文化人・井伊直弼と武道」日本武道館「武道」平成二十三年十二月号

■著者略歴

大久保治男（おおくぼ・はるお）

昭和９年（1934）５月、東京都文京区生まれ。東京教育大学附属小・中・高を経て、中央大学法学部・同大学院修了（1960年）。東京大学法学部研究員として「日本法制史」を研究。1962年より山梨学院大学法学部助教授、1966年より山梨県立女子短期大学（現山梨県立大学）助教授。1975年より駒澤大学法学部、大学院教授（法学部長、大学院委員長、理事等歴任）。1998年苫小牧市との公私協力大、苫小牧駒澤大学創設、初代学長。2004年より武蔵野学院大学教授、及び同大学院創設（副学長、学部長、大学院研究科長、理事等歴任）。駒澤大学名誉教授・武蔵野学院大学名誉教授と名誉学長。平成26年（2014）秋の叙勲にて瑞宝中綬章を授与された。なお、この間、非常勤として中央大学、上智大学、山梨大学、帝京大学、創価大学、国士館大学、川村女子大学等で「日本法制史」「日本文化論」等の講師を務める。この他、地労委公益委員、文化財審議会委員、大学評価委員、山梨県政史、警察史等の編纂専門委員等社会貢献も多くする。

大久保家新右衛門より15代目、明治４年（1871）「埋木舎」が大久保家所有となって５代目の当主。

著書に『日本法制史概説』（芦書房）、『江戸の刑法―御定書百箇条―』（高文堂出版）、『日本法制史史料六十選』（編著・芦書房）、『日本法制史』（高文堂出版）、『大江戸刑事録』（六法出版）、「江戸の刑罰・拷問大全」（講談社）、『江戸の犯罪と刑罰』（高文堂出版）、『埋木舎と井伊直弼』（サンライズ出版）等がある。

幕末彦根藩の側役　大久保小膳《おおくぼこぜん》　淡海《おうみ》文庫60

2018年８月20日　第１刷発行　N.D.C.289

著　者　大久保治男

発行者　岩根　順子

発行所　サンライズ出版株式会社
〒522-0004 滋賀県彦根市鳥居本町655-1
電話 0749－22－0627
印刷・製本　サンライズ出版

ISBN978-4-88325-189-6　Printed in Japan　定価はカバーに表示しています
乱丁・落丁本はお取り替えいたします。

淡海文庫について

「近江」とは大和の都に近い大きな淡水の海という意味の「近（ちかつ）淡海」から転化したもので、その名称は「古事記」にみられます。今、私たちの住むこの土地の文化を語るとき、「近江」でなく、「淡海」の文化を考えようとする機運があります。

これは、まさに滋賀の熱きメッセージを自分の言葉で語りかけようとするものであると思います。

豊かな自然の中での生活、先人たちが築いてきた質の高い伝統や文化を、今の時代に生きるわたしたちの言葉で語り、新しい価値を生み出し、次の世代へ引き継いでいくことを目指し、感動を形に、そして、さらに新たな感動を創りだしていくことを目的として「淡海文庫」の刊行を企画しました。

自然の恵みに感謝し、築き上げられてきた歴史や伝統文化をみつめつつ、今日の湖国を考え、新しい明日の文化を創るための展開が生まれることを願って一冊一冊を丹念に編んでいきたいと思います。

一九九四年四月一日